Wein im Garten

Werner Fader

Wein im Garten

so geht's

blv

Inhalt

Der Wein – uralte Kulturpflanze

Der Anbau der Weinrebe diente zuerst nur der Gewinnung frischer saftiger Früchte. Erst später entdeckte man, wie sich aus ihnen Wein gewinnen ließ, und dadurch wurde der Wein zum Kulturgut.

Die Rebe – uraltes Kulturgut

Der aus dem süßen Saft der Trauben durch die alkoholische Gärung entstehende Wein hat die Phantasie der Menschen schon immer mehr beschäftigt als die Trauben selbst, denn die alkoholische Gärung blieb bis in die Neuzeit ein fast mystischer Vorgang. So ranken sich zahlreiche Legenden, Erzählungen und weinlaunige Anekdoten aus alter Zeit vor allem um die Weinwerdung.

Eine dieser Legenden kann aber auch der Abhandlung über die **Tafeltrauben** vorangestellt werden, weil sie von den Früchten für die Tafel, eben den Tafeltrauben, ausgeht. Sie soll sich zur Zeit des altiranischen **Königs Dschemschid,** etwa 2 000 Jahre v. Chr. ereignet haben. Er pflanzte in den Garten seines Palastes wild wachsende Reben, um von ihnen edlere Früchte für die königliche Tafel zu gewinnen.

Als die Trauben reif wurden, ließ er täglich davon holen, um sich gemeinsam mit seinen Gemahlinnen an ihrem Wohlgeschmack zu laben. Sobald nur noch wenige Früchte in purpurner süßer Reife an den Stöcken hingen, befahl er, sie zu pflücken und in einer großen Tonne im Keller zum späteren Genuss aufzubewahren.

Sehr bald aber trat aus den hauchdünnen Beerenhäuten Saft aus, und mit den Trauben vermengt, geriet die Flüssigkeit in eine Unruhe, die sich bis zum Gesprudel steigerte. Gleichzeitig entströmten der Tonne erregende und seltsame Düfte. Man dachte an böse Dämonen, die es auf das Leben des Königs abgesehen hätten. Unschlüssig, was damit geschehen sollte, wurde der Raum ängstlich gemieden.

Eine der Gemahlinnen des Königs aber, die immer wieder von qualvollen Kopfschmerzen befallen wurde, hoffte, mit dem vermeintlichen Gift ihrem Leben ein Ende setzen zu können. Wie überrascht war sie aber, als sie statt einer tödlichen eine wun-

Traubenernte zur Zeit der Pharaonen in Ägypten.

◀ Der Rebanbau prägt die Landschaft, wie hier an den Hängen des Schwarzwaldes.

Schon die Römer waren dem Wein sehr zugetan, wie dieses Mosaik bezeugt.

den geschichtlichen Hochkulturen des vorderasiatischen Raumes, in dem sich auch das Hauptverbreitungsgebiet der Wildreben befand, die Rebe erstmals kultiviert wurde und das an mehreren Stellen gleichzeitig.

Wahrscheinlich gründeten sich die ersten Anpflanzungen auf Samen, was auch eine Erklärung für die heute kaum überschaubare Vielfalt der Sortenvarietäten bei den Reben wäre.

derbar belebende Wirkung verspürte. So trank sie immer gieriger von dem sinnbetörenden Saft, bis sie, ihrer Schmerzen ganz enthoben, in ein neues seliges Dasein versank.

Wieder in die Wirklichkeit zurückgekehrt, eilte sie zum König, um ihm zu sagen, dass gute Geister über dem Saft der Trauben schwebten, so dass auch er sich an dem Zaubertrank erfreuen konnte.

Vielleicht war König Dschemschid einer der ersten Tafeltraubenanbauer. Wir dürfen aber davon ausgehen, dass schon lange vorher die Menschen wild wachsende Trauben aßen und, nachdem sie sesshaft wurden, auch kultivierten. Es darf auch angenommen werden, dass in

So fand die Traubenverarbeitung im Mittelalter statt.

Älteste Zeugnisse

Eine wirtschaftliche Erzeugung von Trauben oder Wein konnte aber erst mit der Vermehrung der Rebe über Stecklinge begonnen werden. Die ältesten Zeugnisse für die Gewinnung größerer Traubenmengen liefern in der **Türkei** und am Südhang des **Kaukasus** ausgegrabene, 8 000 Jahre alte Kelteranlagen. Jünger sind **sumerische** Rollsiegel, mit denen Saft- oder Weinamphoren gezeichnet wurden.
In **Ägypten** unterschied man acht Rebsorten oder Traubenfarben, hinzu kamen Angaben über Kulturmaßnahmen, Weinerzeugung, Weinlagerung, Transport und Kontrolle.
Als die **Phönizier** und andere Völker den Weinbau schließlich nach **Griechenland** brachten (1 600 v. Chr.), lagen so viel Erfahrungen vor, dass die europäischen Völker den Weinbau nur noch an die eigenen Erzeugungsbedingungen anpassen mussten. Den **Römern** ist es zu danken, dass der Weinbau damals in Gallien und auf dem Weg durchs Rhônetal auch nördlich der Alpen verbreitet wurde.
Im ersten Jahrhundert n. Chr. ist Weinbau an der Mosel bezeugt, wenig später für die Pfalz und andere deutsche Weinbaugebie-

Ideale Voraussetzungen: Sonnenbeschienene Rebhänge am Kaiserstuhl im Schutz bewaldeter Hügelkuppen.

te. Als Folge der Christianisierung der germanischen Völker im **Mittelalter** wurden Reben nach und nach fast überall in Deutschland angebaut, denn Wein war zur Einsetzung des Sakramentes beim Abendmahl unverzichtbar. Die damaligen Verkehrsverhältnisse erlaubten auch keine längeren Transporte. Außerdem herrschten vermutlich auch bessere klimatische Bedingungen als heute, denn es war wahrscheinlich im Durchschnitt etwas wärmer.

In der Pfalz kann man noch heute Rebenunterstützungen bestaunen, die aus der Römerzeit stammen.

Tafeltrauben – schon seit den Römern

Über die Geschichte der Tafeltrauben und »Hausreben« ist vergleichsweise wenig überliefert. Zeichnungen und Darstellungen aus ägyptischer und griechischer Zeit erlauben die Annahme, dass viele Trauben auch zum Frischverzehr geerntet wurden.
Plinius befasste sich bei den Römern eingehend mit den Eigenschaften der Trauben und unterstrich vor allem ihre diätetische Wirkung. Er meinte, die weißen Trauben schmeckten angenehmer als die schwarzen (blauen), aber frisch genossen blähten sie den Magen auf und verursachten Bauchgrimmen. Deshalb sollten sie zuerst längere Zeit an der Luft hängen; dies wäre besser für den Magen, und würde zudem noch Appetitlosigkeit beheben. Eingetrocknete Trauben (Rosinen) hülfen gegen Blasenleiden und Husten. In Regenwasser aufbewahrte Trauben wirkten gegen Magenbrennen und Wassersucht.

Teile einer minoischen Weinpresse mit Sammelgefäßen für den Saft.

Columella (4. Jh. n. Chr.) berichtet, dass Tafeltrauben in der Nähe großer Städte am Haus gezogen werden, um sie auf den Markt zu bringen. Mit Prachttraube, Krachtraube, Dattel- und Eicheltraube nennt er einige auch heute noch geläufige Sortennamen.
Nachdem der **Islam** den Weingenuss verbot, wurden aus Keltertrauben **Tafeltrauben**. Die Türkei und andere vorderasiatische Länder wurden so zu wichtigen Anbaugebieten für Tafeltrauben und **Rosinen**.
Für **Deutschland** wies Heyne darauf hin, dass es schon in früheren Zeiten (Mittelalter) bis hoch in den Norden Sitte gewesen sei, Rebstöcke an der Son-

Solch ein malerischer, von Reben umrankter Treppenaufgang wie an diesem alten Winzerhaus ermöglicht die Traubenernte unmittelbar am Haus.

nenseite dörflicher oder städtischer Anwesen spalierartig emporzuführen. In den Weinanbaugebieten hat sich diese Sitte bis heute erhalten.
Bis zu 100 Jahre alte Rebstöcke tragen wesentlich zum malerischen Reiz alter Winzerdörfer bei und liefern gleichzeitig oft beträchtliche Mengen schmackhafter Trauben. Auch außerhalb der Weinanbaugebiete kann man sich am Schmuck der Reben und an dem Genuss der Trauben erfreuen – wenn man einen geeigneten Standort hat, die dazu passende Rebsorte wählt (siehe die Sortenauswahl Seite 15 ff.) und die entsprechenden Pflegeanleitungen beachtet (siehe Seite 35 ff.).

Wo gedeiht die Rebe?

Die Rebe ist ein Kind des wärmeren gemäßigten Klimas. Entsprechend konzentriert sich ihr Anbau im Norden im Bereich zwischen dem 35. und 45. Breitengrad, mit Ausläufern (z. B. Deutschland) bis zum 51. Breitengrad. Auf der Südhalbkugel wird sie zwischen dem 30. und 40. Breitengrad angebaut. In diesen Bereichen sind alle wichtigen Weinbau- und Tafeltraubenländer zu finden.
Tafeltrauben werden kommerziell hauptsächlich in der wärmeren gemäßigten Zone und südlich davon angebaut.

Temperatur, Licht und Niederschläge

Wie die bevorzugten Anbauzonen zeigen, spielen Licht und Wärme für die Rebe eine entscheidende Rolle. Der wirt-

Anbauzonen der Weinrebe und Intensität des Rebenanbaus auf der Erde.

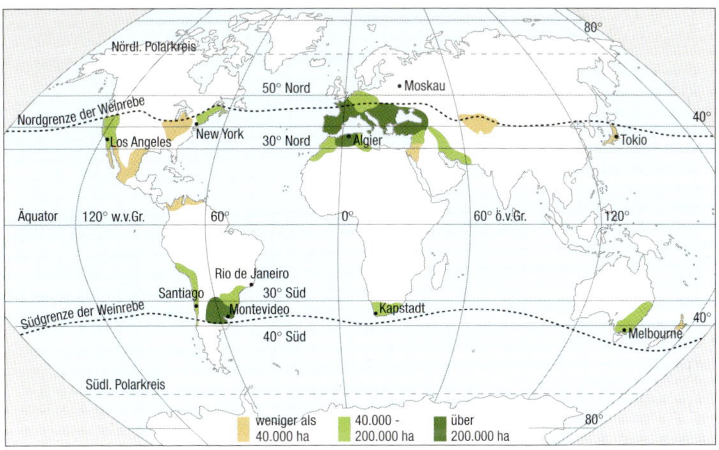

Seit alters her schmücken Reben die Hauswand. Richtig gezogen, lassen sich dadurch Schönheit und Nutzen optimal vereinen.

schaftliche Anbau endet dort, wo die **Temperatur** im Jahresmittel auf unter 8,5 °C absinkt. Die mittleren Wintertemperaturen dürfen nicht wesentlich unter 0 °C liegen.

Anbaubegrenzend wirken unabhängig vom Jahresmittel auch

- häufig auftretende Fröste von unter –15 °C,
- regelmäßig zu erwartende Spätfröste nach dem Austrieb im Frühjahr und
- Frühfröste vor dem Blattfall im Herbst.

Die Rebe benötigt in der Vegetationszeit 160–180 frostfreie Tage, um sich ausreichend entwickeln zu können. Ausschlaggebend für den Ertrag sind auch die Temperaturen zur Blüte. Mitte Juni bis Mitte Juli sollten 15 °C am Tag und 12 °C in der Nacht dauerhaft nicht unterschritten werden.

Schwierig wird es in Höhenlagen von über 300–400 Meter. Ihr **Licht**bedürfnis erfordert in der Vegetationszeit möglichst 1 200–1 300 Sonnenscheinstunden.

Dagegen sind hinsichtlich der **Niederschläge** die Ansprüche eher bescheiden. Bei gleichmäßiger Verteilung genügen 450 bis 500 mm Regen jährlich. Längere Trockenperioden wirken sich insbesondere zu Zeiten des Beerenwachstums und der Beerenreife nachteilig aus. Andererseits erhöhen häufige Niederschläge im Sommer und Herbst oder ständig hohe Luftfeuchtigkeit die Krankheitsgefahr.

Der richtige Standort

Über die Wahl des Standortes können die großklimatisch gezogenen Grenzen oft erheblich erweitert werden, nur in Höhen über 400 m NN hört der Weinbau auf. Darunter werden in den nördlichen Anbauzonen die der Sonne zugeneigten Flächen, die Hänge in den Flusstälern oder an Seen zum Rebenanbau vorzugsweise genutzt.

Ähnlich bevorzugt sind von Mauern umgebene und dadurch windgeschützte Gärten und Höfe. An der Sonne ausgesetzten Hauswänden und Mauern liegen die mittleren Temperaturen z. B. um bis zu 2 °C höher als in der Umgebung. Unter solchen Bedingungen kann man deshalb den Hausrebenanbau weit über die traditionellen Weinanbaugebiete hinaus verschieben.

Bodenansprüche

Der Boden bereitet keine besonderen Schwierigkeiten, wenn er nicht zu viel Kalk (pH-Wert >7,5) enthält oder nicht zu sauer (pH-Wert <5,0) ist, wenn sein pH-Wert dem Rebenwachstum zusagt. Der **pH-Wert** ist eine Maßzahl der Wasserstoffionen-Konzentration in der Bodenlösung und kennzeichnet die saure, neutrale oder alkalische Reaktion des Bodens. Bei pH 7 ist die Bodenlösung neutral, darunter liegt sie im sauren, darüber im alkalischen Bereich. Zum ungestörten Rebenwachstum soll der Wert nicht unter pH 5 absinken und nicht über pH 7,5 ansteigen. Je höher der Humusgehalt des Bodens (>2,5 %), desto besser kommt die Rebe auch noch mit Grenzwerten zurecht.

In jedem Fall soll der Boden locker, gut durchlüftet und wasserdurchlässig sein. Zudem muss er tiefgründig sein, um den Rebwurzeln Platz zu bieten und um stets genügend Wasser und Nährstoffe nachliefern zu können. Flachgründige oder mit Bauschutt durchsetzte Böden bieten dagegen schlechte Voraussetzungen zum Gelingen des Rebenanbaues. Sie sollten vor der Pflanzung bis in etwa 40 cm Tiefe gelockert und verbessert werden.

Die Rebe erwartet einen lockeren, durchlässigen Boden. Bauschutt und Steine müssen über die Pflanztiefe hinaus entfernt werden.

Der Wärme speichernde Bodensee schafft günstige Bedingungen für den Weinbau.

auf einen blick

- Die Rebe ist vorwiegend in den wärmeren gemäßigten Klimazonen verbreitet.
- Geschützte Standorte an Mauern oder Hauswänden genügen ihren klimatischen Ansprüchen auch noch in nördlicheren Gebieten.
- Die Bodenansprüche der Weinrebe sind bescheiden, wenn der pH-Wert nicht zu sehr im sauren oder alkalischen Bereich liegt.
- Auf jeden Fall sollte der Boden vor der Pflanzung tiefgründig gelockert und gut mit Humus versorgt werden. Eventuell vorhandener Bauschutt im Boden ist vorher zu entfernen.

Traubensorten für den Hausgarten

Man schätzt, dass es auf der Erde ca. 5 000 Sorten der verschiedenen Rebenarten gibt. Durch die Arbeit der Rebenzüchter kommen ständig neue hinzu, darunter viele Tafeltrauben, die auch bei uns mit Erfolg anzubauen sind.

Groß ist die Zahl der Reben- oder Traubensorten, doch sind ihrem Anbau auf Grund ihrer speziellen Eigenschaften, insbesondere ihrer sehr unterschiedlichen Ansprüche an das Klima, oft enge Grenzen gesetzt. Das Angebot geeigneter Sorten reduziert sich um so mehr, je näher man der Anbaugrenze rückt.
Gleichzeitig darf man in Grenzlagen nicht die ideale Tafeltraube erwarten, wie sie uns im Laden zuweilen aus südlichen Ländern mit optimalen Licht- und Wärmeverhältnissen angeboten wird.
Wenn auch das Äußere der bei uns erzeugten Tafeltrauben nicht ganz so vollkommen erscheint, überzeugt ihr Inneres doch um so mehr. Dank längerer Reifezeit besitzen sie meist reichere Aromen und Inhaltsstoffe und munden somit saftiger und fruchtiger.

◀ Sonnengereifte köstliche Trauben – hier von 'Theresa' – versprechen süßen Genuss.

Die Wahl der richtigen Sorte

Dem Traubenliebhaber steht auch für unsere Anbaubedingungen ein recht umfangreiches Angebot an Sorten zur Verfügung, das mit Keltertraubensorten ergänzt und dank der erfolgreichen Tätigkeit staatlicher und privater Rebenzüchter immer noch erweitert wird.
Zuchtziel ist vor allem die Gewinnung resistenter Sorten. So versuchte man sehr bald gegen Ende des 19. Jh. nach der Einschleppung von Reblaus und Pilzkrankheiten aus Amerika, durch Kreuzung resistenter amerikanischer mit qualitativ wertvollen europäischen Sorten resistente Kelter- und Tafeltraubensorten zu züchten.
Lange waren diesen Bemühungen nur Teilerfolge beschieden, weil die amerikanischen Sorten den Kreuzungsprodukten dominant einen Geschmack mitgaben, der nach europäischen Vorstellungen nicht akzeptabel war. Erst in jahrzehntelanger Arbeit gelang es, unterstützt durch

Weinreben eignen sich gut dazu, einen langweiligen Gartenzaun zu verschönern.

'Früher gelber Malingre', einst die früheste Keltertraube für neuen Wein.

Anfälligkeit: Empfindlich gegen Pilzkrankheiten, Holzreife und Winterfrosthärte gut, wenn ertraglich nicht überfordert.
Ertrag: Im Allgemeinen hoch, vollkommene Früchte, doch nur bei einer Traube je Trieb.
Anbauempfehlung: Für Grenzlagen noch zu empfehlen, Bedeutung stark nachlassend.

'Königliche Magdalenentraube' (französisch: 'Madeleine Royale')

Allgemeines: 1845 von Moreau-Robert als Sämling gepflanzt.
Trauben: Mittelgroß, kegelförmig geschultert, locker bis kompakt.
Beeren: Rund bis oval, gelbgrün, weiches, saftiges Fruchtfleisch.
Austrieb: Mittelfrüh.

'Königliche Magdalenentraube', eine Kostbarkeit aus Frankreich.

Reife: Ende August/Anfang September.
Wuchs: Starkwüchsig.
Anfälligkeit: Empfindlich gegen Pilzkrankheiten, Holzreife bei hohem Ertrag gerade ausreichend, dann auch frostempfindlich.
Ertrag: Mittel bis hoch.
Anbauempfehlung: Für kontinentales Klima (Fröste bis –15 °C) nicht geeignet, optimal sind warme Südmauern; langer Anschnitt notwendig.

'Siegerrebe'

Allgemeines: Von Georg Scheu in Alzey aus Samen der Sorte 'Madeleine angevine' gezogen, Spezialsorte für die Weinerzeugung.
Trauben: Mittelgroß, geschultert, kompakt bis locker.
Beeren: Rund mittelgroß, rosa bis rot gefärbt, saftig, süß mit kräftigem Muskatgeschmack.
Austrieb: Früh.
Reife: Früh, Ende August/Anfang September.
Wuchs: In jungen Jahren kräftig mit vielen Nebentrieben.
Anfälligkeit: Empfindlich gegen Pilzkrankheiten, windempfindlich während der Blüte, verträgt

Die Trauben der 'Siegerrebe' schmecken süß und würzig.

keinen hohen Kalkgehalt im Boden, Holzreife und Frosthärte gut bis sehr gut.
Ertrag: Je nach Blüteverlauf schwankend.
Anbauempfehlung: Für windgeschützte, wenig spätfrostgefährdete Lagen, nicht für ausgesprochene Kalkböden, auf triebigen Böden schwachwüchsige Unterlage bevorzugen.

'Ortega'

Allgemeines: Von Breider in Würzburg aus der Kreuzung 'Müller-Thurgau' × 'Siegerrebe' gezüchtet, früh reifende Keltertraubensorte.

'Ortega' liefert als frühe Keltertraube den ersten neuen Wein.

Trauben: Mittelgroß, pyramidenförmig geschultert.
Beeren: Mittelgroß, rund, gelb, fest mit süßem würzigen Geschmack.
Austrieb: Früh.
Reife: Ende August/Anfang September.
Wuchs: Mittelstark.
Anfälligkeit: Empfindlich gegen Pilzkrankheiten, Wind während der Blüte stört die Befruchtung, Holzreife und Frosthärte sehr gut.
Ertrag: Bei gutem Blüteverlauf mittel bis gut.
Anbauempfehlung: Wegen Winterfrosthärte und früher Reife interessant als Hausrebe für windgeschützte Standorte.

'Fanny'

Allgemeines: Kreuzung aus Ungarn, vermehrt und zum Sortenschutz beantragt von J. Wolf, Bad-Dürkheim-Ungstein.
Trauben: Sehr groß, geschultert.
Beeren: Groß, oval, gelb, knackig mit feinem Muskatgeschmack.
Austrieb: Mittelfrüh.
Reife: Anfang September.
Wuchs: Kräftig.
Anfälligkeit: Widerstandsfähig gegen Pilzkrankheiten, sehr gute Holzreife und Frosthärte.

'Fanny', eine wohlschmeckende ungarische Züchtung.

Ertrag: Mittel bis hoch.
Anbauempfehlung: Kann nach vorliegenden Erfahrungen bis in Grenzlagen angebaut werden.

'Lilla'

Allgemeines: In Ungarn gezüchtet, vermehrt und Sortenschutz beantragt von J. Wolf, Bad-Dürkheim-Ungstein.
Trauben: Groß, kegelförmig, etwas geschultert.
Beeren: Groß, oval, gelb, knackig, mit feinem Geschmack.

'Lilla' ist in der Wärme Ungarns geboren.

Austrieb: Früh.
Reife: Ende August.
Wuchs: Mittelstark bis kräftig.
Anfälligkeit: Widerstandsfähig gegen Pilzkrankheiten, sehr gute Holzreife und Frosthärte.
Ertrag: Mittlere bis gehobene Erträge
Anbauempfehlung: Geeignet für fast alle Standorte mit wuchskräftigen Böden. Die endgültige Anbaueignung wird noch geprüft.

'Königliche Ester'

Allgemeines: Gezüchtet im Institut für Weinbau in Kecskemet, Ungarn, vermehrt und Sortenschutz beantragt von Rebschule Steinmann, Sommerhausen.
Trauben: Mittelgroß, geschultert.
Beeren: Dunkelblau, mittel bis groß, knackig.
Austrieb: Früh.
Reife: Ende August.
Wuchs: Mittelstark.
Anfälligkeit: Gute Resistenz gegen echten und falschen Mehltau, widerstandsfähig gegen *Botrytis,* sehr gute Holzreife und Frosthärte.

'Königliche Ester', die temperamentvolle aus Ungarn.

Ertrag: Mittel und gleichmäßig.
Anbauempfehlung: Nach vorliegenden Erfahrungen für alle Standorte geeignet.

'Birstaler Muskat'

Allgemeines: Eine Züchtung von S. und V. Blattner-Haefeli in Soyhières (Schweiz). Vermehrt und Sortenschutz beantragt von V. Freytag, Neustadt an der Weinstraße.

'Birstaler Muskat', eine kräftige Sorte aus der Schweiz.

Trauben: Mittelgroß, locker.
Beeren: Grüngelb, rund, Muskatgeschmack.
Austrieb: Mittelfrüh.

Reife: Ende August/Anfang September.
Wuchs: Kräftig, aufrecht.
Anfälligkeit: Bemerkenswerte Resistenz gegen Pilzkrankheiten, verrieselt bei nasskaltem Blütewetter, Holzreife und Frosthärte sind sehr gut.
Ertrag: Mittel bis hoch.
Anbauempfehlung: Nicht auf windexponierte kühle Standorte pflanzen. Davon abgesehen, bis in Grenzlagen anbaubar.

'Muscat bleu', beliebtes Kind von amerikanischen und europäischen Eltern.

'Muscat bleu'

Allgemeines: Aus amerikanischen und europäischen Rebsorten in Genf gezüchtet.
Trauben: Groß und locker.
Beeren: Blau, groß, oval, knackig, mit deutlichem Muskatton.
Austrieb: Früh.
Reife: Ende August/Anfang September.
Wuchs: Mittelstark.
Anfälligkeit: Gute Resistenz gegen Mehltaukrankheiten, empfindlich gegen Wind in der Blühphase, sehr gute Holzreife und Frosthärte.
Ertrag: Mittel bis hoch.
Anbauempfehlung: Für windgeschützte Standorte, am West- und Südspalier bis in höhere Lagen.

'Palatina' kam aus Ungarn in die sonnige Pfalz.

'Palatina'

Allgemeines: Von Kosma Pal aus 'Villard Blanc' × 'Königin der Weingärten' in Ungarn gezüchtet. Vermehrt und Sortenschutz beantragt von V. Freytag, Neustadt an der Weinstraße.
Trauben: Groß, locker, geschultert.
Beeren: Oval, goldgelb, leichter Muskatton.
Austrieb: Früh.
Reife: Ende August/Anfang September.
Wuchs: Starkwüchsig, aufrecht.
Anfälligkeit: Tolerant gegen Echten Mehltau (bei geringem Infektionsdruck keine Behandlung nötig), resistent gegen Falschen Mehltau und Traubenfäule, gute Holzreife und Frosthärte.
Ertrag: Regelmäßig hoch.

'Nero', tiefblau und viel versprechend.

Anbauempfehlung: Robuste Sorte, verbreitet anzubauen, windoffene Lagen meiden.

'Nero'

Allgemeines: In Ungarn gezüchtet, wird in Deutschland für den Anbau erprobt.
Trauben: Mittelgroß, kompakt.
Beeren: Dunkelblau, mittelgroß, oval, knackig.
Austrieb: Früh.
Reife: Anfang September.
Wuchs: Stark wüchsig.
Anfälligkeit: Mittlere bis gute Resistenz gegen Mehltaukrankheiten, auf feuchten Standorten rasche Traubenfäulnis, sehr gute Holzreife und Frosthärte.
Ertrag: Mittel bis hoch.
Anbauempfehlung: Für fast alle rasch abtrocknenden Standorte geeignet.

Weitere früh reifende Sorten:

'Madeleine Celine'

Züchtung von Paul Giraud aus 'Madeleine angevine' und 'Malingre Précose', verbreitet in Ländern des Balkans. Für nährstoffreiche Böden, in niedriger Erziehung, empfindlich in der Blüte.

'Gelbe Seidentraube'

Die Trauben reifen Ende August. Kräftig wachsende Sorte für geschützte Standorte, da frostempfindlich; langer Anschnitt.

'Grüne Seidentraube'

Frosthärter, deshalb auch im raueren Klima für Wandspalier geeignet. Ebenfalls langer Anschnitt.

'Madeleine Celine', eine etwas empfindliche Sorte.

Mittelfrüh bis mittelspät reifende Sorten

Ihre Reifezeit liegt zwischen Mitte September und Mitte Oktober. Sie sind im allgemeinen ertragssicher, weisen etwas mehr Fruchtsäuren auf als frühe Sorten und schmecken fruchtiger. Ihr Anbau ist außerhalb der Weinanbaugebiete in Klimanischen des Binnenlandes auf sonnenexponierten Standorten möglich.

'Königin der Weingärten', großfrüchtige Züchtung mit gutem Renommee.

'Königin der Weingärten'

Allgemeines: Von Janos Mathiasz 1916 in Ungarn gezüchtet, in vielen südlichen Ländern und auf dem Balkan verbreitet.
Trauben: Mittelgroß, lockerbeerig.
Beeren: Groß, rund bis oval, weißgelb, knackig mit angenehmem Muskataroma.
Austrieb: Früh.
Reife: Mitte bis Ende September.
Wuchs: Sehr wüchsig mit vielen Nebentrieben.
Anfälligkeit: Empfindlich gegen Echten Mehltau und *Botrytis*, ausreichende Holzreife und Frosthärte.
Ertrag: Mittel bis hoch, schwankend.
Anbauempfehlung: Braucht viel Wärme während der Blüte und zur vollständigen Ausreife der Trauben, bevorzugt Erziehung im Spalier-Drahtrahmen. Benötigt kräftige Böden mit guter Wasser- und Nährstoffversorgung. Eine der wertvollsten traditionellen Tafeltraubensorten.

'Bouvier'

Allgemeines: Züchtung des Weingutsbesitzers Bouvier in Radkersburg/Österreich, im Burgenland und der Steiermark zur Weingewinnung angebaut.
Trauben: Mittel bis klein, lockerbeerig.
Beeren: Mittelgroß, rund, goldgelb, dickschalig, knackig mit feinem Muskataroma.
Austrieb: Früh.
Reife: Anfang bis Mitte September.
Wuchs: Mittelstark.
Anfälligkeit: Empfindlich gegen Falschen Mehltau, sehr gute Holzreife und Frosthärte.
Ertrag: Mittel.
Anbauempfehlung: Mit Ausnahme feuchter Standorte überall anzubauen, bevorzugt aber tiefgründige, kalkfreie Böden.

'Bouvier', wohlschmeckende Tafel- und Keltertraubensorte aus Österreich.

'Weißer Gutedel' erfreut seit alters her als Traube und Wein.

'Weißer Gutedel' und 'Roter Gutedel'

Allgemeines: Zwei sehr alte Sorten, die sich nur in der Beerenfarbe unterscheiden, vermutlich aus dem Orient zu uns gekommen. In der Westschweiz und im Markgräflerland (Baden) Hauptsorte zur Weingewinnung.
Trauben: Groß, länglich, auch leicht geschultert, lockerbeerig, zur Lagerung geeignet.
Beeren: Groß, rund, grüngelb bzw. rot, dünne, aber feste Schale, im Geschmack saftig bis süß.
Austrieb: Mittelfrüh.
Reife: Ende September/Anfang Oktober.
Wuchs: Stark, ziemlich aufrecht.
Anfälligkeit: Empfindlich gegen Falschen Mehltau und Stielkrankheiten (Stiellähme), gute bis sehr gute Holzreife und Frosthärte.
Ertrag: Mittel bis hoch, etwas schwankend.
Anbauempfehlung: In windigen Lagen kann der Blühverlauf gestört werden, bei Standorten über 200 m NN und Jahresmitteltemperaturen unter 8,5 °C stößt der Anbau an Grenzen. Kräftige Böden mit guter Wasserversorgung sind vorzuziehen.

'Roter Gutedel' hat nicht die Bedeutung seines weißen Bruders.

'Blauer Portugieser'

Allgemeines: Vermutlich aus Portugal stammende Sorte zur Rotweinerzeugung.
Trauben: Mittel bis groß, länglich, dicht, beidseitig geschultert.

'Blauer Portugieser', reich tragend, aber empfindlich.

Beeren: Blau beduftet, rundlich bis leicht oval, fruchtig süß schmeckend.
Austrieb: Mittelfrüh.
Reife: Mitte bis Ende September.
Wuchs: Stark, relativ aufrecht.
Anfälligkeit: Empfindlich gegen Echten Mehltau und starken

Winterfrost, große Neigung zu Beeren-*Botrytis,* mittlere bis gute Holzreife.
Ertrag: Hoch und gleichmäßig.
Anbauempfehlung: Für leichte Böden und in Gebieten mit milden Wintern. Bei feuchter Witterung sind aufwändige Pflanzenschutzmaßnahmen nötig, da Fäulnisgefahr bei der Traubenreife.

'Dornfelder'

Allgemeines: In Württemberg für die Weinbereitung gezüchtet, seit 1980 für den Anbau zugelassen.
Trauben: Sehr, groß, lang, geschultert, meist lockerbeerig.
Beeren: Dunkelblau, blaugrau beduftet, mittelgroß, rund bis leicht oval, Saft leicht rot gefärbt, schmecken fruchtig süß.
Austrieb: Mittelfrüh.
Reife: Mitte bis Ende September.
Wuchs: Stark aufrecht.
Anfälligkeit: Gefährdet durch Falschen Mehltau, leidet rasch unter Trockenheit, gute Holzreife, gegen Winterfrost empfindlich.
Ertrag: Hoch bis sehr hoch.
Anbauempfehlung: Trockene und starken Winterfrösten ausgesetzte Standorte meiden, großräumige Erziehung wählen.

'Dornfelder' – ein Emporkömmling setzt sich durch.

'Regent'

Allgemeines: Gezüchtet im Institut für Rebenzüchtung Geilweilerhof, hauptsächlich Keltertraubensorte.
Trauben: Mittelgroß, etwas locker.
Beeren: Blau, mittelgroß, rund, Saft leicht gefärbt.
Austrieb: Früh.

'Regent', eine kräftig gefärbte Wein- und Tafeltraubensorte.

Reife: Mitte September.
Wuchs: Mittelstark.
Anfälligkeit: Resistent gegen Pilzkrankheiten, sehr gute Holzreife und Frosthärte.
Ertrag: Gleichmäßig mittlere Erträge.

Anbauempfehlung: Auf Grund der Resistenz und Frosthärte als Hausrebe für windgeschützte Lagen zu empfehlen.

'Phoenix'

Allgemeines: Gezüchtet zur Weingewinnung von G. Alleweldt im Institut für Rebenzüchtung, Geilweilerhof bei Siebeldingen/Pfalz.
Trauben: Groß, leicht geschultert, dichtbeerig.
Beeren: Gelbgrün, groß, etwas länglich, schwacher Muskatgeschmack.
Austrieb: Mittelfrüh.
Reife: Mitte bis Ende September.
Wuchs: Mittel bis stark, ziemlich aufrechte Triebhaltung, mittlere Geiztriebbildung.
Anfälligkeit: Resistent gegen Falschen Mehltau, guter Resistenzgrad gegen Echten Mehltau, sehr gute Holzreife und Frosthärte.
Ertrag: In der Regel hoch.
Anbauempfehlung: Bis in Grenzlagen noch möglich bei nicht zu großer Feuchtigkeit im Spätsommer und Herbst; durch kurzen Anschnitt Ertrag beschränken.

'Phoenix' will als Wein- und Tafeltraube Karriere machen.

'Boskoop Glorie', ein Findelkind mit bemerkenswerten Eigenschaften.

'Boskoop Glorie'

Allgemeines: Robuste amerikanische Hausrebe, von Pfeiffer aus Holland nach Deutschland gebracht.
Trauben: Lockere, zuweilen stark geteilte Trauben.
Beeren: Blau, rund, mittelgroß bis groß. Inzwischen gibt es auch eine weiße Varietät.
Austrieb: Mittelfrüh.
Reife: Mitte bis Ende September.
Wuchs: Sehr kräftig.
Anfälligkeit: Resistent gegen Pilzkrankheiten, sehr gute Holzreife und Frosthärte.
Ertrag: Mittel bis hoch.
Anbauempfehlung: An sonnigen, geschützten Standorten überall möglich.

'Perle von Zala'

Allgemeines: In Ungarn gezüchtet, gelegentlich auch unter dem ungarischen Namen 'Zala Gyöngye' bei uns angeboten, hauptsächlich Keltertraubensorte.
Trauben: Mittelgroß.
Beeren: Weiß, mittelgroß, dezenter Fruchtgeschmack.
Austrieb: Früh.
Reife: Mitte bis Ende September.
Wuchs: Kräftig.
Anfälligkeit: Wenig empfindlich gegen Pilzkrankheiten, sehr gute Holzreife und Frosthärte.
Ertrag: Mittel bis hoch, sehr ertragssicher.
Anbauempfehlung: Mit Ausnahme absoluter Grenzlagen überall anbaufähig.

'Hecker', eine neue leistungsfähige Wein- und Tafeltraube aus Baden.

'Hecker'

Allgemeines: Züchtung aus dem Staatlichen Weinbauinstitut Freiburg, Sortenschutz erteilt, Vertrieb von der Raiffeisen-Rebenpflanzgut-Zentrale in Merdingen, Baden.
Trauben: Groß, ähnlich wie 'Gutedel', aber kompakter.
Beeren: Gelbgrün bei Vollreife, groß, elliptisch, mit feinem Geschmack.
Austrieb: Mittelfrüh.
Reife: Mitte bis Ende September.
Wuchs: Sehr kräftig.
Anfälligkeit: Gute Resistenz gegen Falschen Mehltau, schwächere gegen Echten Mehltau, etwas empfindlich gegen *Botrytis;* mittlere Holzreife und Frosthärte.
Ertrag: Hoch, wie bei 'Gutedel'.
Anbauempfehlung: Noch in Grenzlagen an sonnenexponierten Hauswänden und bei ausgeglichenem Klima (keine starken Winterfröste) möglich.

'Angela'

Allgemeines: Ungarische Züchtung, Sortenschutz beantragt von J. Wolf, Bad-Dürkheim-Ungstein.
Trauben: Groß, etwas geschultert, locker.

'Angela' ist sehr anpassungsfähig.

Beeren: Gelbgrün, groß, oval, knackig, saftig, neutraler Geschmack.
Austrieb: Früh.
Reife: Mitte bis Ende September.
Wuchs: kräftig, geringe Geiztriebbildung.
Anfälligkeit: Sehr tolerant gegen Pilzkrankheiten, sehr gute Holzreife und Frosthärte.
Ertrag: Hoch.
Anbauempfehlung: Mit Ausnahme von absoluten Grenzlagen überall anbaufähig.

'Bianca'

Allgemeines: In Ungarn gezüchtete Keltertraubensorte.
Trauben: Mittelgroß, länglich und locker.

Beeren: Gelbgrün, mittelgroß, rundlich, festschalig, saftig mit leichter Würze.
Austrieb: Mittelfrüh.
Reife: Ab Ende September.
Wuchs: Stark und aufrecht.
Anfälligkeit: Gute Resistenz gegen Echten und Falschen Mehltau, empfindlich während der Blüte gegen kühle Temperaturen und Wind, sehr gute Holzreife und Frosthärte.
Ertrag: Mittel bis hoch.
Anbauempfehlung: Für geschützte, sonnenexponierte Standorte (Hauswände, Gärten) und weiträumige Erziehung.

'Muskat Hamburg'

Allgemeines: Verbreitete Tafeltraube im Süden und auf dem Balkan, vermutlich Kreuzung zwischen 'Muskat of Alexandria' und 'Trollinger'.
Trauben: Mittelgroß, geschultert.
Beeren: Groß, leicht oval, schwarzblau, stark beduftet, saftiges Fruchtfleisch mit Muskataroma.
Austrieb: Mittelfrüh.
Reife: Anfang bis Mitte Oktober.
Wuchs: Mittel bis stark.
Anfälligkeit: Empfindlich gegen Echten und Falschen Mehltau, widerstandsfähig gegen *Botrytis,* geringe Frosthärte.
Ertrag: Gut bei kurzem Anschnitt.
Anbauempfehlung: Für Böden mittlerer Qualität und für vor Frost sichere, von der Sonne begünstigte Standorte.

Weitere mittelfrüh bis mittelspät reifende Sorten

'Müller-Thurgau'

Eine Keltertraube mit großen Trauben und gelbgrünen, ovalen Beeren, die nur für gut durchlüftete Standorte zu empfehlen ist.

'Regina'

Alte Sorte aus dem Orient mit mittelgroßen Trauben und gelbgrünen, ovalen Beeren, frostempfindlich.

'Müller-Thurgau', mehr Wein- als Tafeltraube, aber wohlschmeckend.

Mittelspät bis spät reifende Sorten

Ihre Reifezeit liegt zwischen Mitte Oktober und Anfang November. Erfolg versprechender Anbau ist bei uns nur möglich in Weinanbaugebieten und in zur Sonne ausgerichteten Standorten benachbarter Gebiete. Darüber hinaus und bei mittlerer Jahrestemperatur von 8 °C und darunter ist die Genussreife der Trauben nicht mehr gewährleistet.

'Trollinger', eine bewährte Sorte zum Essen und zum Trinken.

'Trollinger'

Allgemeines: Eine alte Wein- und Tafeltraubensorte, die in zahlreichen Formen vorkommt. Sie wird in Württemberg und – als Groß-Vernatsch – in Südtirol zur Weingewinnung angebaut. Vermutlich stammt sie aus dem östlichen Mittelmeerbereich.
Trauben: Groß bis sehr groß, geschultert und etwas gepackt.
Beeren: Rotblau, grau beduftet, dickschalig, schmecken saftig, süß-säuerlich.
Austrieb: Mittelfrüh.
Reife: Spät, ab Mitte Oktober.
Wuchs: Starkwüchsig, aufrecht.
Anfälligkeit: Besonders empfindlich gegen Echten Mehltau, mittlere bis gute Holzreife und Frosthärte, strenge Winterfröste können jedoch zu Schäden führen.
Ertrag: Reich und regelmäßig.
Anbauempfehlung: Stellt hohe Klimaansprüche, braucht tiefgründige Böden, ist sehr kalkverträglich, späte Ernte fördert einen harmonischen Geschmack.

'Theresa'

Allgemeines: In Ungarn gezüchtet, Sortenschutz bei Rebschule Steinmann, Sommerhausen.
Trauben: Sehr groß und lockerbeerig (siehe Bild Seite 14).
Beeren: Leicht roséfarben, groß, oval, fruchtiger Geschmack.
Austrieb: Mittelfrüh.
Reife: Spät, Mitte Oktober.
Wuchs: Stark, aufrecht, ohne Nebentriebe.
Anfälligkeit: Sehr gute Resistenz gegen Echten und Falschen Mehltau, sehr gute Holzreife und Frosthärte.
Ertrag: Mittel bis hoch.
Anbauempfehlung: Wegen später Reife außerhalb der Weinanbaugebiete nur für besonders geschützte Standorte.

'Blauer Gänsfüßer'

Allgemeines: Alte, vermutlich aus dem Süden stammende Sorte; früher (16. bis 19. Jh.) als Keltertraube in der Pfalz, in Württemberg und der Steiermark angebaut, steht sie heute vereinzelt als Hausrebe.
Trauben: Sehr groß, lang, walzenförmig und geschultert.
Beeren: Mittelgroß, rund, dunkelblau, graublau beduftet, im Geschmack saftig, fruchtig säuerlich.
Austrieb: Mittelfrüh bis spät.
Reife: Mitte bis Ende Oktober.
Wuchs: Sehr stark.
Anfälligkeit: Empfindlich gegen Echten und Falschen Mehltau, ziemlich frosthart.
Ertrag: Hoch, wenn genügend Standraum.
Anbauempfehlung: Für klimatisch begünstigte Standorte, braucht viel Raum, überspannt ganze Hofflächen, kann Häuser umwinden, deshalb für große Pergolen oder Hauswände.

'Blauer Gänsfüßer' mit typisch bedufteten Trauben.

Weitere spät reifende Sorten

'Gelber-' und 'Roter Muskateller'

Wertvolle Tafeltrauben mit starkem Muskatbukett, zählen zu den ältesten kultivierten Sorten; Heimat vermutlich Vorderasien. Hohe Lageansprüche, neigen zum Verrieseln.

'Chasselas Tompa'

Eine Züchtung aus Ungarn mit auffallend großen walzenförmigen Trauben und runden gelben, sehr fleischigen Beeren. Zum Konservieren geeignet.

'Gelber Muskateller' ist stärker verbreitet als sein roter Bruder.

'Roter Muskateller', nobel mit hohen Ansprüchen.

Zierreben

Alle in Europa angebauten Sorten besitzen ausschließlich oder zu einem wesentlichen Anteil das Erbgut der traubentragenden Art *Vitis vinifera*.
Daneben existieren in der Gattung *Vitis* zahlreiche, in der Regel außereuropäische Arten und deren Kreuzungen, die für uns keinen nutzbaren Ertrag liefern, aber zu Verschönerung von Hauswänden und Mauer dienen können. Sie sind meist zweihäusig, d. h. männliche und weibliche Blütenorgane befinden sich auf verschiedenen Pflanzen; somit können sich bei Einzelpflanzung keine Früchte entwickeln.
Außerdem sind sie gegen Krankheiten und Schädlinge resistent, so dass lästige Pflanzenschutzmaßnahmen entfallen.
Einige dieser Sorten besitzen ein schön gefärbtes und außergewöhnlich geformtes Laubwerk, das jeder Hauswand oder Mauer zur Zierde gereicht. Allerdings sind diese Arten erst wenig verbreitet und ihre Anpflanzung muss auf Grund reblausgesetzlicher Vorschriften behördlich genehmigt werden, wozu aber der Rebenlieferant die geeigneten Schritte veranlassen sollte.

Vitis coignetiae, die Japanische Rebe – robust, wuchskräftig und jede Pergola schmückend.

Vitis coignetiae
Japanische Rebe

Die Japanische Rebe hat schön geformte, große, tiefgrüne Blätter, die sich im Herbst prächtig rot verfärben. Auffallend sind auch die tief karminroten Triebe und Ranken sowie die dicht rostrot behaarten Triebspitzen. Sie wächst rasch und kräftig. Der Schnitt sollte nur das gleichmäßige Überwachsen einer Wand oder Pergola unterstützen. Die große Winterfestigkeit erlaubt den Anbau auch in nördlichen Gebieten.

Vitis labrusca
Fuchsrebe

Die am längsten bekannte amerikanische Wildart, von der auch Sorten zur Gewinnung von Tafeltrauben ausgelesen wurden. Von ihr werden zahlreiche Kreuzungen als Ziergehölze angepflanzt. Sie wachsen sehr üppig, haben unterseits dicht behaarte Blätter, die Triebspitzen sind mit weißlichem oder rotbraunem Haarfilz bedeckt. Die von einigen Kreuzungen ausgebildeten Trauben haben einen sehr ungewöhnlichen Geschmack.

Die Uferrebe, eine robuste Zierrebe auch für raue Regionen.

Vitis riparia (Syn.: *V. vulpina*)
Uferrebe

Neben ihrer hauptsächlichen Verwendung zur Unterlagenzüchtung ist die Uferrebe auch als Zierrebe besonders geeignet: Sie wächst kräftig, hat große, im Herbst leuchtend gelb gefärbte Blätter, stellt nur geringe Wärmeansprüche und ist widerstandsfähig gegen Frost.

Vitis rupestris
Sandrebe

Eine amerikanische Art mit eher niedrigem, buschigem Wuchs sowie ziemlich kleinen, pappelförmigen, oberseits glatten, bläulich grünen Blättern. Die Sandrebe stammt aus dem Süden Nordamerikas und ist sehr frostempfindlich, eignet sich also nur für sehr milde Lagen.

Überblick über die Tafeltrauben für den Hausgarten

Reifezeit	Sorten	Beerenfarbe	Schnitt **)	Ertrag	Hinweise
Mitte August bis Mitte September	'Perle von Czaba'*)	gelblich, grün	kurz, Zapfen	schwankend	blüteempfindlich
	'Aurora'	goldgelb	lang	gut bis sehr gut	noch für feucht, kühles Klima
	'Früher gelber Malingre'*)	gelblich, grün	lang, auch kurz	sehr gut	kräftiger Boden, fäulnisempfindlich
	'Königliche Magdalenentraube'	gelblich, grün	lang	gut	für Südwände, warme Böden, fäulnisempfindlich
	'Siegerrebe'	rosa bis rot	lang	schwankend	nicht in Kalkböden
	'Ortega'	gelb	lang, auch kurz	mittel bis gut	für Südwände, frostempfindlich
	'Fanny'	gelb	lang	mittel bis hoch	widerstandsfähig gegen Pilzkrankheiten
	'Lilla'	gelb	lang	mittel bis gut	widerstandsfähig gegen Pilzkrankheiten
	'Königliche Ester'	dunkelblau	lang	mittel	widerstandsfähig gegen Pilzkrankheiten
	'Birstaler Muskat'	grüngelb	lang	mittel bis hoch	widerstandsfähig gegen Pilzkrankheiten
	'Muscat bleu'	blau	lang	mittel bis hoch	widerstandsfähig gegen Pilzkrankheiten
	'Palatina'	goldgelb	lang	gut	widerstandsfähig gegen Pilzkrankheiten
	'Nero'	dunkelblau	lang	mittel bis hoch	widerstandsfähig gegen Pilzkrankheiten

Fortsetzung nächste Seite ▶

Überblick über die Tafeltrauben für den Hausgarten

Reifezeit	Sorten	Beerenfarbe	Schnitt **)	Ertrag	Hinweise
Mitte August bis Mitte September (Fortsetzung)	'Madeleine Celine'	gelb	lang	schwankend	blüteempfindlich
	'Gelbe Seidentraube'	hellgrün	lang	mittel	für Südwände, frostempfindlich
	'Grüne Seidentraube'	grüngelb	lang	mittel bis hoch	noch für raueres Klima
Mitte September bis Mitte Oktober	'Königin der Weingärten'	gelb	lang, auch kurz	gut	kräftiger Wuchs
	'Bouvier'*)	grünweiß	lang	gut	kräftiger Wuchs
	'Weißer Gutedel'	gelbgrün	kurz, auch lang	gut	für kräftige Böden, frostfest
	'Roter Gutedel'	rötlich	kurz, auch lang	gut	für kräftige Böden, frostfest
	'Blauer Portugieser'	dunkelblau	lang	sehr gut	fäulnisempfindlich
	'Dornfelder'	dunkelblau	kurz bis mittellang	sehr gut	robust, für kräftige Böden
	'Regent'	blau	lang, auch kurz	mittel	resistent gegen Pilzkrankheiten
	'Phoenix'	gelbgrün	lang	sehr gut	resistent gegen Pilzkrankheiten
	'Boskoop Glorie'	blau	lang	mittel bis hoch	resistent gegen Pilzkrankheiten
	'Perle von Zala'	weissgelb	lang	mittel bis hoch	widerstandsfähig gegen Pilzkrankheiten
	'Hecker'	gelbgrün	lang	sehr gut	widerstandsfähig gegen Pilzkrankheiten
	'Angela'	gelbgrün	lang	hoch	widerstandsfähig gegen Pilzkrankheiten
	'Bianca'	gelbgrün	lang	hoch	widerstandsfähig gegen Pilzkrankheiten
	'Muskat Hamburg'*)	schwarzblau	kurz bis mittellang	gut	nicht für triebige Böden, frostempfindlich
	'Müller-Thurgau'	gelbgrün	kurz bis lang	sehr gut	nicht für feuchte Standorte
	'Regina'	gelbgrün	lang, auch kurz	mittel bis hoch	sehr frostempflindlich
Mitte Oktober bis Anfang November	'Trollinger'	blau	lang, auch kurz	sehr gut	kräftige Böden, empfindlich gegen Mehltau
	'Theresa'	schwach rosé	lang	mittel bis hoch	resistent gegen Pilzkrankheiten
	'Blauer Gänsfüßer'*)	dunkelblau	lang	sehr gut	weiträumig erziehen
	'Gelber Muskateller'	gelb	lang	mittel bis hoch	blüteempfindlich
	'Roter Muskateller'	rot	lang	mittel	blüteempfindlich
	'Chasselas Tompa'	gelb	kurz, auch lang	gut	frostempfindlich

*) wenig im Handel, **) kurz = Zapfen (2–4 Knospen), lang = Ruten (mind. 6–8 Knospen)
Hinweis: Alle blauen Sorten färben im Herbst ihr Laub rötlich

Weinreben pflanzen, erziehen, pflegen

Das Wachsen und Gedeihen der Rebe erfordert bereits bei der Pflanzung große Sorgfalt. Doch erst eine standortgerechte Erziehung sowie angemessene Pflege und Düngung sichern den Ertrag. Voraussetzung dafür sind einige Kenntnisse über die Biologie und Entwicklung der Weinrebe.

Das Pflanzmaterial

Die Rebe wird vegetativ über Stecklinge vermehrt, da ihre Sämlinge stark aufspalten. Stecklinge werden in der Regel in Spezialbetrieben in einem recht umständlichen Verfahren herangezogen. Anlass hierfür ist die Reblaus (siehe Seite 73), die im 19. Jahrhundert aus Amerika eingeschleppt wurde. Sie schädigte europäische Reben an den Wurzeln so stark, dass Tausende Hektar Weinberge zu Grunde gingen.

Schließlich erkannte man, dass amerikanische Reben an den Wurzeln widerstandsfähig gegen den Schädling sind und sich die Laus an den Blättern europäischer Sorten nicht entwickeln kann. Seitdem pfropft man Triebe (Reiser) europäischer Sorten (= Edelreis) auf einen 25–30 cm langen, verholzten Trieb (= Unterlage) amerikanischer Rebsorten und zieht diese Kombination im Treibhaus und anschließend in der Rebschule als so genannte **Pfropfrebe** heran.

Dieses Verfahren erlaubte nicht nur, die bewährten und qualitativ wertvollen europäischen Sorten zu erhalten, sondern ist gleichzeitig ein frühes klassisches Beispiel für die biologische Abwehr eines Schädlings.

◀ Weinreben, als Spalier gezogen – ideales Mittel, um Schönheit und praktischen Nutzen miteinander zu verbinden.

Vorbildlich bewurzelte Pflanzrebe mit paraffiniertem Pfropfkopf.

Die Pfropfunterlage

Die von amerikanischen Rebsorten stammenden Unterlagen werden in Europa in eigens dafür vorgesehenen Schnittgärten gewonnen. Die wichtigsten Sorten – in der Reihenfolge abnehmender Wuchskraft – sind:

- 5 BB
- 125 AA
- 5 C
- Börner
- 26 G
- SO4
- Binova
- 8 B
- 3309 C (Couderc).

Mit Ausnahme der 3309 C besitzen alle eine gute Kalkverträglichkeit. Für Hausreben, mit denen ein umfangreiches Stockgerüst aufgebaut werden soll oder die in einen leichten Boden gepflanzt werden, sind kräftig wachsende Unterlagen zu bevorzugen. Zu empfehlen und üblich sind Pfropfungen auf 5 BB und 5 C. Das Pflanzmaterial wird in Rebschulbetrieben hergestellt, von denen eine Reihe auch Pflanzreben von Tafeltraubensorten erzeugen (siehe Seite 92).

Wie wird gepfropft?

Bei der Pfropfung des Edelreises auf die Unterlage wurde der

Die wichtigsten Unterlagensorten

Sorte	Kreuzung	Wuchs	Kalkverträglichkeit	Eignung für
5 BB	*Vitis berlandieri* × *Vitis riparia*	sehr stark	gut	wuchsschwache Böden, darüber hinaus für hohe Stockbelastung und weite Standräume
125 AA	*Vitis berlandieri* × *Vitis riparia*	stark bis sehr stark	sehr gut	schwere, strukturarme Böden, für mittlere bis große Standräume
5 C	*Vitis berlandieri* × *Vitis riparia*	mittel bis stark	noch gut	nicht für kalkreiche oder nasse und kalte Böden
Börner	*Vitis riparia* × *Vitis cinerea*	mittel bis stark	noch gut	nicht für kalkreiche, oder nasse und kalte Böden
26 G	'Trollinger' × *Vitis riparia*	mittel	sehr gut	fast alle Böden; Sorte ist nicht reblausfest
SO 4	*Vitis berlandieri* × *Vitis riparia*	mittel	sehr gut	fruchtbare, nicht zu trockene Böden, für mittlere Standräume, hemmt Verrieselung
Binova	*Vitis berlandieri* × *Vitis riparia*	mittel	sehr gut	fast alle Böden, für verrieselungsempfindliche Sorten
8 B	*Vitis berlandieri* × *Vitis riparia*	mittel	hervorragend	chlorosegefährdete Standorte, nicht für flachgründige und trockene Böden
3309 Couderc	*Vitis riparia* × *Vitis rupestris*	eher schwach	gering	tiefgründige fruchtbare Böden, verrieselungsempfindliche Sorten und geringe Standräume

Nach: Müller et al. 1999 (siehe Seite 92)

Veredlungsverfahren bei der Tischveredlung
① Englischer Kopulationsschnitt mit Gegenzunge
② Jupiterschnitt
③ Lamellenveredlung
④ Omegaschnitt

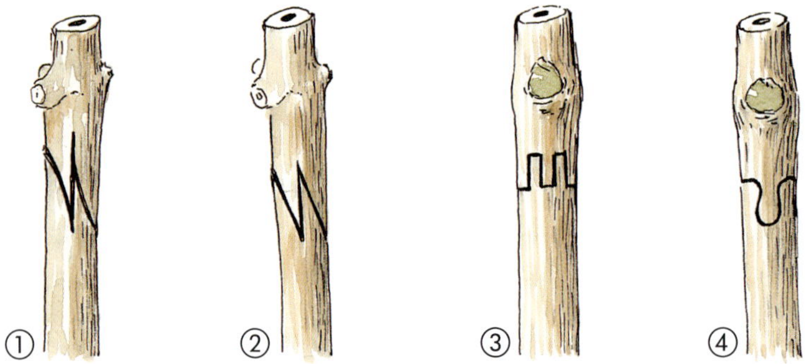

frühere, nur von Hand durchzuführende englische Kopulationsschnitt weitgehend durch maschinelle Methoden ersetzt. Dabei werden aus Edelreis und Unterlage spiegelbildlich ein Keil, ein Omega oder Lamellen herausgefräst und beide Teile dann zusammengefügt. Damit sie zusammenwachsen und sich bewurzeln, werden die Pfröpflinge im Treibhaus vorgetrieben und anschließend den Sommer über in einer Rebschule im

Freien sorgsam herangezogen. Vor Wintereinbruch werden die Pfropfreben ausgeschult, sortiert, geprüft und stehen nun als **einjährige Reben** erstmals zum Verkauf. In der Regel übernimmt der Erzeuger die Überwinterung der Reben, packt sie im Frühjahr in Töpfe oder Container und hält sie bis zum Sommer zum Verkauf bereit.

Qualitätskriterien

Einwandfreie einjährige Reben müssen rund um die Veredlungsstelle einen gleichmäßigen, gut ausgebildeten Kalluswulst zeigen und haben am Fuß mindestens drei kräftige und gleichmäßig verteilte Hauptwurzeln. In dieser Form gekauft, erfolgt ihre sachgerechte **Lagerung** bis zur Pflanzung im Sand- oder Torfeinschlag in kühlen, nicht zu feuchten Räumen. Im Freien werden sie an witterungsgeschützten Stellen bis über die **Veredlungsstelle** (= die Verbindungsstelle zwischen Edelreis und Unterlage) in krümelige Erde eingeschlagen. Bei großer Frostgefahr muss auch der Edelreistrieb mit schützendem Material abgedeckt werden.

Weniger arbeitsaufwändig ist der Bezug von Pflanzreben **im Topf** oder **Container** im Laufe des Frühjahrs. Die besondere Lagerung entfällt dann, und die Reben können jederzeit gepflanzt werden. Da sich die Bewurzelung nicht mehr kontrollieren lässt, müssen hier ein entsprechend ausgebildeter Kalluswulst und ein normal entwickelter Trieb mit vollkomme-

Im Container angebotene Rebe erleichtern das Pflanzen, und man ist weniger termingebunden.

Es empfiehlt sich, die Reben bereits im Herbst zu bestellen, aber erst im Frühjahr zu beziehen, weil der Erzeuger über die besseren Überwinterungsmöglichkeiten verfügt.

Der Kauf von Pflanzreben direkt beim Erzeuger in den Weinbaugebieten garantiert in der Regel eine große und preisgünstige Auswahl. Außerdem gibt es dazu wertvolle Anbauhinweise kostenlos.

ner Triebspitze als Qualitätskriterien genügen. Wenn diese Reben nicht sofort gepflanzt werden können, sind sie im Freien an schattigen Orten aufzustellen. Die Erde im Topf ist bis zur Pflanzung stets feucht zu halten.

Reben pflanzen und aufziehen

Maßgebend für das Gelingen der Pflanzung sind die richtige Wahl der Pflanzstelle, eine gründliche Vorbereitung des Bodens, die sachgemäße Behandlung der Pflanzrebe und die Sorgfalt bei der Pflanzung.

Standort und Pflanzstelle

Sonnenexponierte, windgeschützte Stellen in Gärten, an Hauswänden und Mauern sind umso eher vorzuziehen, je weiter man von den Weinbaugebieten entfernt ist. Der Rebe genügt eine Pflanzfläche von 20 × 30 cm. Zu Mauern ist ein Abstand von 20 cm einzuhalten.

Der **Pflanzabstand von Rebe zu Rebe** beträgt für Spalierreihen, Laubengänge, hohe Spalierwände und einen vertikalen Kordon 1 m–1,50 m, je nach Wuchskraft von Sorte und Boden. Die Erziehung im waagerechten Kordon erlaubt Abstände von 2 m bis 3 m. Von Reihe zu Reihe wird ein Abstand von 1,50 m–2,0 m gewählt.

Bei Pergolen passt man die Abstände den Raumverhältnissen an, da in der Vertikalen nur der Stamm hochgezogen wird und man davon rechtwinklig in der Waagerechten das Stockgerüst auslegt. Die Abstände sollten aber auch hier 1 m nicht unterschreiten.

Reben am Haus verleihen der Dorfstraße einen besonderen Reiz.

Bodenvorbereitung

Der Boden muss gut gelockert, durchlässig und reichlich mit Nährstoffen versehen sein. Zweckmäßig ist im Herbst oder Winter eine gründliche Lockerung bis in Wurzeltiefe, wobei in strukturarmen sowie bindigen und schweren Böden gleichzeitig strukturverbessernde Materialien, wie Kompost oder Torf, eingearbeitet werden. Roher oder frisch aufgefüllter Boden sollte über ein Jahr zunächst mit tief wurzelnden **Gründüngungspflanzen** bestellt oder mit organischer Masse abgedeckt werden.

Die im Weinbau empfohlene **Vorratsdüngung** mit mineralischen Nährstoffen ist auch bei Hausreben von Nutzen. Dazu sollte man am besten zunächst eine Bodenuntersuchung vornehmen lassen (siehe Seite 61). Fehlen für die Bemessung der Düngermengen die Ergebnisse einer Bodenuntersuchung, gibt man vorsorglich pro m² Standraum 120–180 g schwefelsaures Kalium und jeweils 60–100 g Phosphatdünger und Kieserit. Bei schwach sauren bis sauren Böden werden noch 300–500 g kohlensaurer Kalk pro m² verabreicht. Die Mineraldünger werden im Verlauf der Bodenlockerung eingearbeitet.

Pflanzzeit

Der beste Pflanzzeitpunkt liegt in den Monaten April und Mai. Die Herbstpflanzung bewurzelter Reben ermöglicht eine zeitige Entwicklung im Frühjahr, ist aber mit dem Risiko von Frost- oder Nässeschäden im Winter behaftet.

Reben pflanzen

Zum Pflanzen wird den Reben entweder ein sichtbares Auge am verholzten Edelreistrieb bzw. ein grüner Trieb bei bereits

Der saubere Rückschnitt der Rebwurzeln regt die Neuwurzelbildung an. Bei zu starkem Rückschnitt gehen Reservestoffe verloren.

Reben pflanzen
① In das Pflanzloch gibt man 1–2 l Pflanzerde und Kompost.

② Der Rebenkopf soll exakt beim Pflanzpfahl stehen, die Veredlungsstelle 3 cm über der Erdkante.

③ 3–5 l Wasser in das halb mit Kompost und Erde gefüllte Pflanzloch fördert das Anwachsen.

④ Die Pflanzung ist beendet. Paraffinierte Reben müssen nicht abgedeckt werden.

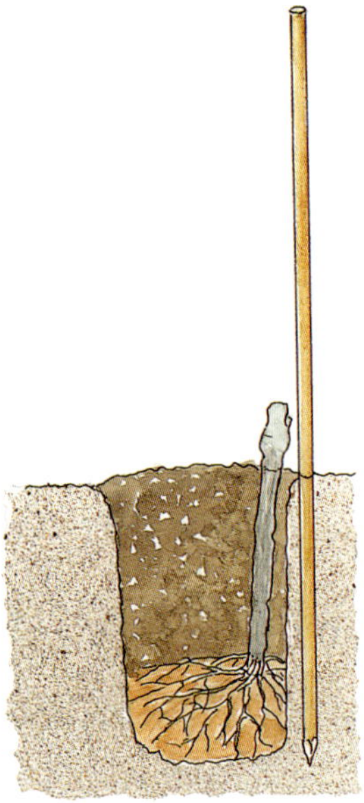

Paraffinierte Pfropfrebe nach der Pflanzung.

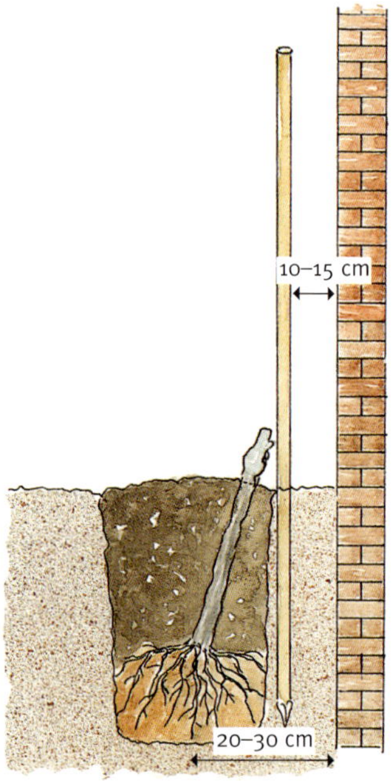

Pflanzung einer paraffinierten Pfropfrebe an einer Mauer oder Hauswand.

ausgetriebenen Topf- oder Containerreben belassen. Dazu müssen bei **Reben aus dem Einschlag** die Wurzeln bis auf Handbreite zurückgeschnitten werden.
Diese Setzlinge sind vor dem Pflanzen zunächst 10–12 Stunden zu wässern und bis zur endgültigen Pflanzung vor Austrocknung zu schützen. Bei **Topf- oder Containerreben** wird lediglich der Erdballen gründlich angefeuchtet.
Zum Pflanzen hebt man mit dem Spaten ein Pflanzloch mit ca. 20 cm Seitenlänge und 30 bis 35 cm Tiefe aus, Steine sind zu entfernen. Die Sohle wird gelockert und die Erde mit 1 bis 2 Liter Pflanzerde vermischt und dabei kegelförmig im Pflanzloch angeordnet. Auf diesen Kegel stellt man den bewurzelten Steckling so, dass die Wurzeln gleichmäßig nach allen Seiten verteilt werden können und die Veredlungsstelle sich noch 3–4 cm über der Bodenoberfläche befindet.
Von Mauern und Hauswänden sollen die Wurzeln ca. 30 cm entfernt sein. Nachdem die Rebe sitzt, gibt man bis zur Hälfte des Pflanzloches feinkrümelige Erde dazu und drückt damit die Wurzeln etwas an, damit sie Bodenkontakt erhalten. Unterstützt wird diese Maßnahme durch die Zugabe von 3–5 Liter Wasser, womit gleichzeitig die Feuchtigkeit zum besseren Anwachsen geliefert wird.
Die Grube wird jetzt aufgefüllt und Rebenköpfe ohne schützende Paraffinschicht mit feiner Erde oder Torf abgedeckt. Topf- oder Containerreben werden genauso gepflanzt, das Andrücken der Wurzeln muss aber unterbleiben, weil sonst die frischen Wurzeln im Ballen beschädigt werden würden. Bei anhaltend trockener und heißer Witterung nach dem Pflanzen sind die Reben nach 10–14 Tagen nochmals kräftig zu gießen.
Jede Rebe erhält einen **Pflanzpfahl** aus Holz oder Metall, der mindestens der Länge des späteren Stammes entsprechen muss. Gitter oder Hüllen aus Kunststoff schützen den jungen Austrieb vor Wildfraß.

Die Zugabe mineralischer oder organisch-mineralischer Dünger ins Pflanzloch muss unterbleiben, da sonst die Wurzeln geschädigt werden können.

Aufzucht der Jungreben im 1. Jahr

Die Aufzucht beginnt nach dem Austrieb, indem der Rebenkopf, sofern erforderlich, freigeräumt wird. Wenn sich hier mehrere Triebe entwickelt haben, wird nur jener in der direktesten Fortsetzung der Wurzelstange belassen; die übrigen werden nach der Maifrostgefahr (Eisheilige) ausgebrochen oder sauber abgeschnitten. Der verbleibende Trieb muss regelmäßig am Pfahl angebunden werden, damit ein gerader Stamm heranwachsen kann.

Die im Laufe des Sommers aus den Blattachseln wachsenden Nebentriebe (Geize) werden bis zur späteren Stammhöhe vorsichtig ausgebrochen oder bis auf zwei Blätter eingekürzt. Erst im Laufe des Septembers kann auch die Spitze kräftig gewachsener Haupttriebe entfernt werden.

Mit Beginn des Austriebs sind nichtresistente Sorten regelmäßig (alle 8–10 Tage) gegen Echten und Falschen Mehltau zu behandeln (siehe Seite 67/68). Der Boden ist in unmittelbarer Nähe der Rebe von Unkräutern freizuhalten und gelegentlich zu lockern. Vor Wintereinbruch empfiehlt es sich, den noch empfindlichen Pfropfkopf und die Triebbasis mit Erde oder sonstigem isolierenden Material vor Frostschäden zu bewahren.

Eine mineralische Düngung im Jahr der Pflanzung ist überflüssig, da die Nährstoffvorräte des Bodens für die Anfangsentwicklung der Rebe ausreichen.

Aufzucht im Folgejahr

Im kommenden Frühjahr beginnt nach dem Freiräumen der eigentliche Stockaufbau. Der inzwischen verholzte einjährige Trieb wird abhängig von der vorgesehenen Erziehungsart auf 60–100 cm Stammhöhe zuzüglich 20 cm zurückgeschnitten. Bei Bedarf sind auch höhere Stämme möglich. Allerdings soll

Im Pflanzjahr wird nur ein Trieb hochgezogen.

Im Jahr nach der Pflanzung erfolgt der Rückschnitt des einjährigen Triebes (links) zu einem Stämmchen (Mitte). Daran verbleiben im Sommer die oberen 2–5 Triebe (rechts).

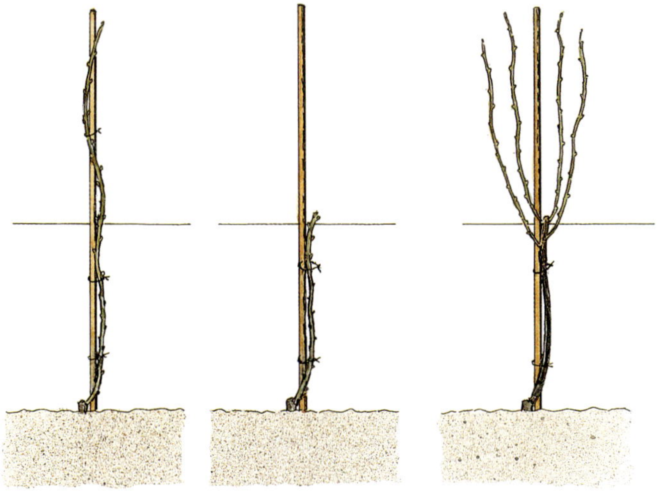

Die Entfernung überflüssiger Triebe am einjährigen Stämmchen von Hand muss sehr früh erfolgen, oder die Triebe sind möglichst nahe am Stamm mit einem scharfen Messer abzuschneiden.

der Trieb an der Schnittstelle noch 8–10 mm stark sein.
Wenn die Wuchsleistung zum Anschnitt eines Stämmchens nicht ausreicht, schneidet man besser auf zwei Augen zurück und beginnt mit dem Stockaufbau erst im kommenden Jahr.
Sind die Knospen ausgetrieben und keine Spätfröste mehr zu befürchten, werden je nach Wuchskraft die oberen 2–5 Triebe belassen, die unteren restlos entfernt.
Die verbleibenden Triebe sind entsprechend dem Wachstum locker am Pflanzpfahl bzw. an der bereits aufgebauten Unterstützungsvorrichtung zu befestigen. Sie dienen im Folgejahr sowohl dem weiteren Stockaufbau als auch der Traubengewinnung. Erst dann beginnt die eigentliche Erziehung der Reben, und die jeweilige Erziehungsart nimmt nach und nach Gestalt an.

Wie lassen sich Reben am Haus ziehen?

Reben müssen relativ streng erzogen (formiert) werden und dürfen nicht ungestört wachsen, wenn man regelmäßig Ertrag erzielen und sie angemessen pflegen will. Dabei muss man das erblich bedingte Wuchsverhalten berücksichtigen, wonach stets das Wachstum in der Spitze gefördert wird. Die am höchsten liegenden Knospen treiben also bevorzugt aus, und ihre Triebe wachsen entsprechend am kräftigsten.
Sich selbst überlassene Reben würden an ihrer Basis rasch verkahlen und außer Form geraten. Insbesondere mit dem alljährlichen Rebschnitt (siehe Seite 54) beugt man daher dieser Entwicklung vor. Für jede Erziehungsform benötigt man eine entsprechende Unterstützung, durch die auch die grünen, noch unverholzten Triebe Halt finden und sich festranken können.
Die **Erziehungsformen** werden nach Form und Länge der einjährigen fruchtbaren Triebe (Fruchtholz) unterschieden.
Es gibt:

- Flachbogen-
- Halbbogen- und
- Bogenerziehung (jeweils 8 Augen pro Trieb und mehr).
- Strecker- (4–8 Augen) und
- Zapfenerziehung (2–4 Augen).

Nach der Form des »alten«, also zwei- und mehrjährigen Holzes, unterscheidet man

- Hochstamm-
- Kordon- und
- Pergolaerziehung.

Während die Altholzform in der Regel für die Lebenszeit der Rebe festgelegt wird, kann die Fruchtholzform wechseln.

Bogen und Kordon

Die klassische **Bogenerziehung** ist die einfachste Erziehungsform und empfiehlt sich bei einem niedrigen Wandspalier oder freistehenden Rebreihen. Die Reben stehen im Abstand von 1,0 m–1,5 m, der Stamm ist 0,8 m–1,0 m hoch. Auf dem den Stamm nur kurz verlängernden Altholz werden ein bis zwei Fruchtruten angeschnitten und in einen mehr oder weniger halbkreisförmigen oder stark abgeknickten, flach auslaufenden Bogen geformt und an der Unterstützungsvorrichtung befestigt.
Für den gleichen Zweck kann auch eine **Kordonerziehung** eingerichtet werden, indem man vom Stamm ausgehend zunächst ein- oder beidseitig auf einem Draht Altholzarme

heranzieht und erst darauf das Fruchtholz anschneidet. Dabei werden Strecker im Abstand von

Beispiele für die Rebenerziehung am Haus

① Weinreben am Spalier entlang eines Gartenweges ...
② ... oder als Willkommensgruß am Gartentor.
③ Sie beleben kahle Mauern ...
④ ... und beschatten den CarPort.

①

②

③

④

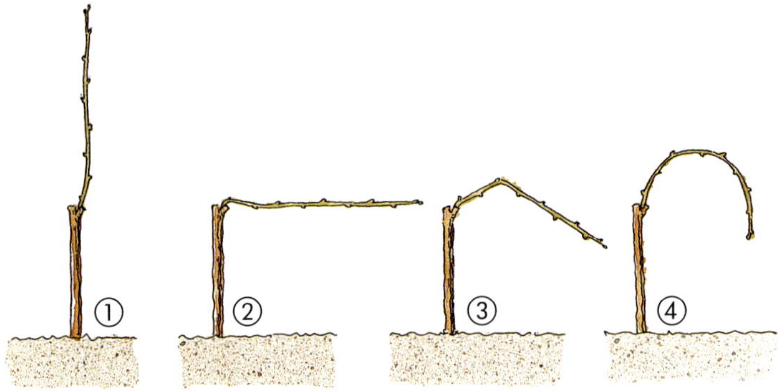

Fruchtholzformen: Die angeschnittene Fruchtrute (①, mit mehr als 8 Augen) wird geformt zu Flachbogen ②, Halb- bzw. Streckbogen ③ oder Halb- bzw. Pendelbogen ④.

Bei **Kordonerziehung** werden **Strecker** (4–8 Augen, links) oder **Zapfen** (2–4 Augen, rechts) angeschnitten.

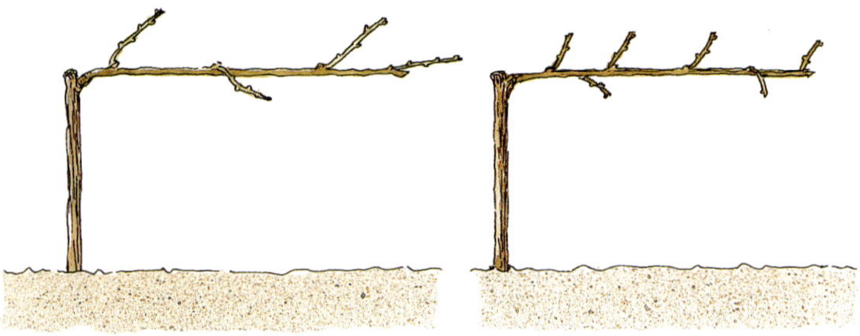

Die für beide Erziehungsformen **erforderliche Unterstützungsvorrichtung** orientiert sich am praktischen Weinbau. Man benötigt dazu Pfähle aus Holz, Metall oder Kunststoff von 2,25–2,50 m Länge und 2,5 bis 2,8 mm stark verzinkte oder 2,8–3,0 mm starke kunststoffummantelte Drähte, dazu das erforderliche Kleinmaterial (Haften, Haken, Nägel) und für frei stehende Rebreihen Material zur Verankerung.
Verzinkte Stahlpfähle sind haltbarer als Pfähle aus Holz, außerdem sind sie mit Vorrichtungen zum Einhängen der Drähte ausgestattet, während dafür in Holzpfähle Haften oder Haken eingeschlagen werden müssen.

Die Verankerung der Unterstützung

Die Stabilität der Unterstützungsvorrichtung frei stehender

30 cm, Zapfen mit 20 cm Abstand geschnitten (siehe Seite 54). Der Kordonarm wird so lange verlängert bis der zur Verfügung stehende Raum ausgefüllt ist.

Hausrebe mit waagerechtem und ▶ senkrechtem Kordon nach dem Schnitt.

Spalierdrahtrahmen für eine Rebreihe an der Wand. Die Verankerungen können mit Stein oder Betonklotz (links), Ankerscheibe mit Draht oder Ankerscheibe mit Stahlstab (rechts) erfolgen.

Rebreihen ist von den Endpfählen und ihrer Verankerung abhängig. Endpfähle sind mit 2,50–2,75 m länger als Mittelpfähle und werden 60–70 cm tief in den Boden eingeschlagen. Für eine Verankerung auf Zug muss ein Winkel zum Boden von 60–70° eingehalten werden. Ein Anker ist lotrecht unterhalb des Pfahlkopfes bis in den gewachsenen Boden einzubringen.

Vorgefertigte Anker, bestehend aus einem Stab mit Öse und Ankerscheibe, sind einfacher zu handhaben als ersatzweise zu verwendende Bruchsteine, Eisenschienen oder Betonklötze. Ein kräftiger Draht (3,0 mm) verbindet den Anker mit dem Endpfahl im oberen Drittel.

Bei einer **Stützverankerung** wird der Endpfahl senkrecht eingeschlagen und mit einer Strebe auf einer in den Boden eingelassenen Stein- oder Betonscheibe abgestützt. Die Strebe muss in halber Pfahlhöhe angesetzt werden. Zwischen den Endpfählen stehen nun im Abstand von 4–5 m die Mittelpfähle bis zu 60 cm tief im Boden. Sie nehmen an Haltevorrichtungen die für die Erziehungsart erforderlichen Drähte auf.

Die Stützdrähte anbringen

Der unterste Draht befindet sich in Stammhöhe, an ihm werden die Fruchtruten und/oder der Kordonarm befestigt. Nach oben folgt bei der Halbbogenerziehung im Abstand von 20–40 cm ein so genannter **Überbiegdraht**, über den die Fruchtrute gelegt und nach unten gezogen wird. Darüber werden bis zur Pfahlhöhe in regelmäßigem Abstand von 20–30 cm bei frei stehenden Rebreihen paarweise, bei Wandspalieren einzeln **Heft-** oder **Rankendrähte** verlegt, in die die grünen Triebe aufgenommen werden können. Bei Flachbogen oder Kordonerziehung entfällt der Überbiegdraht. Bei **Spalieren an Mauern** kann man auf die Pfähle verzichten, wenn die Auflagevorrichtungen für die Drähte in die Wand eingelassen werden. Sie müssen einen Abstand zur Wand von mindestens 20 cm gewähren und für Jahre stabil befestigt sein.

In wuchsschwachen Böden pflanzt man die Reben enger und verwendet für jede Etage einen eigenen Rebstock.

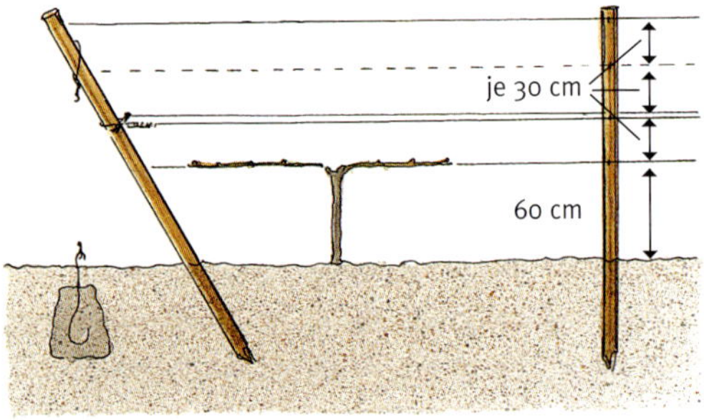

Spalierdrahtrahmen für eine frei stehende Rebreihe in Flachbogenerziehung oder als waagerechter Kordon.

Erziehungsformen für größere Flächen

Reberziehungsarten zur Bekleidung von ganzen Hauswänden, hohen Mauern, Laubengängen und Dachlauben sind im Grunde nur Erweiterungen der bisher beschriebenen Formen in Verbindung mit einem entsprechend aufgebauten Stockgerüst. So kann man an einer Wand jeweils im Abstand von 60–80 cm zwei, maximal drei Kordonarme übereinander anlegen. Entsprechend muss dann die Unterstützung angebracht werden.

Ein Beispiel für dieses Verfahren liefert der Thomery-Kordon. Diese Methode hat auch den Vorteil, mehrere Sorten unterschiedlicher Reifezeit neben- und übereinander anzubauen.

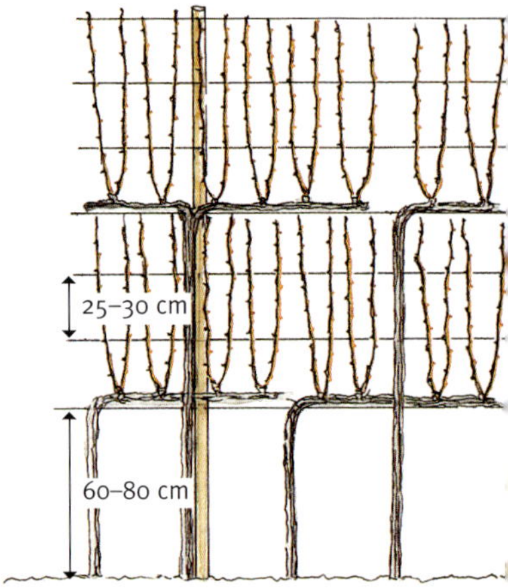

So erfolgen Kordonerziehung und Zapfenschnitt in zwei Etagen an einer Spalierwand.

Erziehung als senkrechter Kordon

Spalierdrahtrahmen für eine frei stehenden Rebreihe in Halbbogenerziehung.

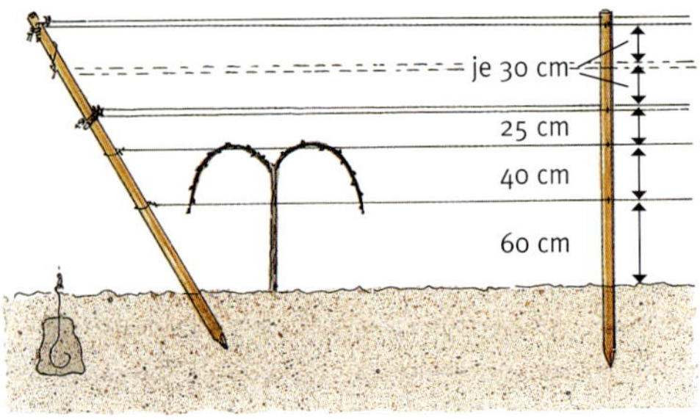

Ein senkrechter Kordon wird für schmale Wandflächen, z. B. zwischen Fenstern, vorgesehen. Er kann von einem Rebstock ein- oder zweiarmig aufgebaut werden. Für den **einarmigen Kordon** wird eine gut entwickelte Fruchtrute mit etwa 10 Augen vom Stämmchen aus senkrecht in die Höhe geführt. Jedes zweite Auge wird geblendet. An dem senkrechten Kordon entwickeln sich nun etwa fünf Triebe, die im Folgejahr, mit Ausnahme jenes Triebes an der Spitze, auf Zapfenlänge eingekürzt werden. Der Spitzentrieb dient zur Fortsetzung des Kordons nach oben.

Für den Aufbau eines **zweiarmigen senkrechten Kordens** werden zwei Ruten an der Spitze eines Stammes entgegengesetzt flach auf einen Unterstützungsdraht gelegt und in einem Abstand von ca. 1,20 m ihre Enden nach oben gebogen. Von hier aus folgt im Jahr danach der weitere Aufbau der Kordonarme, wie bereits beschrieben (siehe Seite 46).

Am senkrechten Kordon können nur Zapfen angeschnitten werden!

Die Unterstützungsvorrichtung für den senkrechten Kordon folgt der Erziehungsart, die Drähte zur Aufnahme der grünen Triebe werden vertikal im Abstand von 20–30 cm an der Wand angeordnet. Freistehende Reben in dieser Erziehungsform benötigen zu ihrer Unterstützung lediglich einen starken Pfahl.

Ausgefallen, aber machbar: Eine ganze Einfahrt im kühlen Schatten üppig wachsender Reben.

Weinreben an Lauben und Pergolen

Lauben und Pergolen müssen mindestens zwei Meter hoch angelegt werden. Der Stammaufbau erfolgt in Etappen, indem im zweiten Jahr vom einjährigen Stämmchen eine Rute mit 10 bis 12 Augen angeschnitten und senkrecht nach oben geführt wird. Nach dem Austrieb werden nur die beiden obersten Triebe belassen und aufrecht stehend angebunden. Einer von ihnen dient im nächsten Jahr wieder als Stammverlängerung, der darunter stehende wird als Zapfen angeschnitten. Wiederum bleiben an der Verlängerung nur die obersten Triebe stehen. Bei normaler Entwicklung kann man nun im vierten Jahr in etwa 2 m Höhe mit dem Aufbau **waagerechter Kordons** beginnen. Es bleibt im Weiteren dem Geschick des Gärtners überlassen, die Rebe nach und nach so zu formieren, dass die Fläche der Laube oder Pergola gleichmäßig ausgefüllt wird.

Die Konstruktion der **Unterstützungsvorrichtung** lehnt sich im Prinzip an die Spalierwand an, allerdings muss sie zweidimensional gestaltet werden. Dazu

Hier dient eine Pergola als Überdachung für einen Hof.

Beim Aufbau waagerechter Kordonarme ist darauf zu achten, dass nur die der Erde zugewandten Augen geblendet werden.

bedarf es entsprechend stabiler Stützen und Verbindungen miteinander. Deswegen sollte der Aufbau in der Regel dem Fachmann, bei Holz dem Zimmermann oder Bautischler, bei Eisen dem Schlosser vorbehalten bleiben.

Eine Weinrebe auf Balkon und Terrasse

Mit Reben auf dem Balkon müssen auch Traubenliebhaber ohne eigenen Garten nicht auf den Genuss selbst erzeugter Trauben verzichten. So können

Selbst auf Terrasse oder Balkon muss ▶ man auf Tafeltrauben nicht verzichten.

Mögliche Erziehungsformen bei Weinreben im Kübel: links als Rundspalier, in der Mitte mit Rankgitter an der Wand, rechts als senkrechter Kordon (jeweils vor dem Schnitt).

Reben in Gefäßen aus Ton, Holz oder Keramik mit Abmessungen von 40–50 cm im Durchmesser und 50 cm in der Höhe herangezogen werden. Auf dem Boden des Behältnisses wird eine Drainageschicht mit Kies oder Blähton zur Verhinderung von Staunässe eingerichtet.
Die Rebe wird in gute Gartenerde oder ein Gemisch von Erde und gut gereiftem Kompost gepflanzt, in die Bodenoberfläche werden zur Nährstoffversorgung wenige Gramm eines organisch-mineralischen Düngers eingearbeitet.
Die **Möglichkeiten der Formierung** sind zwangsläufig begrenzt. Man kann die Rebe vor ein an der Wand angebrachtes kleines Spalier stellen, daran kurze Fruchtruten befestigen und die grünen Triebe hochziehen. Bei frei stehenden Gefäßen ist an einem Pfahl ein allenfalls zwei Meter hoher senkrechter Kordon möglich.
Eine weitere Variante ist es, das Altholz zu einer Art Spindel zu formieren und daran Strecker oder Zapfen anzuschneiden. Schließlich kann man um eine bogenförmige Fruchtrute ein entsprechend hohes kreisförmiges Rankgitter anbringen und darin die grünen Trieben hochwachsen lassen.

Biologie und Entwicklung der Rebe

Die jährlichen Pflegemaßnahmen umfassen:
- Rebschnitt,
- Formierung des Fruchtholzes,
- Laubarbeiten,
- Düngung und Bodenpflege.

Sie verfolgen alle das Ziel, Form und Wuchskraft der Rebe zu erhalten sowie Wachstum und Ertrag zu steuern. Dabei erleichtern Kenntnisse über den Bau und das Leben des Rebstockes die Pflegearbeiten. Nachfolgend daher das Wichtigste in Kürze.

Biologie der Rebe

Unterirdisch entziehen sich **Wurzelstange** und **Wurzelsystem** der direkten Einflussnahme. Sie verankern die Rebe im Boden, sorgen für Wasser- und Nährstoffaufnahme und speichern Reservestoffe. Oberirdisch entwickeln sich auf dem alten Holz einjährige verholzte Triebe oder Ruten, die dem weiteren Stockaufbau und der Erzeugung von Trauben dienen. Gut ausgereifte Ruten zeigen ein Holz : Mark-Verhältnis von 2:1.
Triebe, die sich auf den Ruten des Vorjahres entwickelt haben, sind die beim Rebschnitt bevorzugten **Fruchtruten**; ihre Knospen sind in der Regel fruchtbarer als jene an »wilden« Trieben, die unmittelbar aus dem alten Holz gewachsen sind. Sie wer-

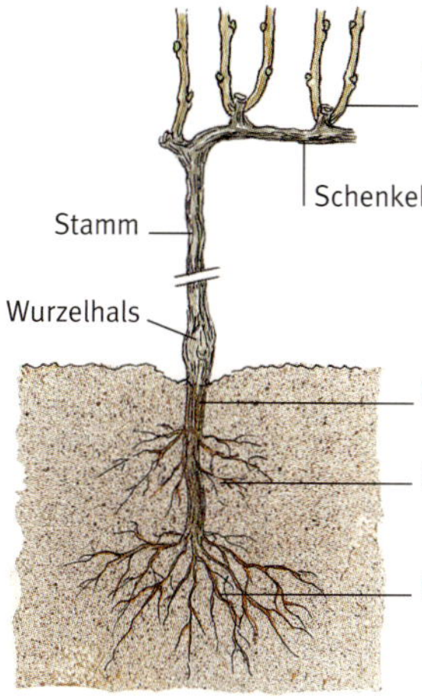

Aufbau eines Rebstockes.

In der Rebknospe (Auge) ist der Trieb mit den seitlichen Frucht- und Blattanlagen schon vorgebildet.

So bunt werden die Blätter blauer Rebsorten im Herbst.

Ein Rebtrieb mit dem noch aufrechten Blütenstand (Geschein).

Blattformen verschiedener Rebsorten.

den allenfalls zur Regulierung der Stockform herangezogen. In den von ledrigen Knospenschuppen umhüllten **Knospen** oder **Augen** befindet sich in einem wolligen Gewebe die Sprossanlage. In einem Längsschnitt durch die Knospe erkennt man die Anlage für den Haupttrieb mit Fruchtständen und entsprechend für die Nebentriebe.

Der aus der Knospe austreibende Spross oder Trieb trägt Blätter, Blütenstände (Gescheine) und Ranken in einer bestimmten Anordnung. Meist nach dem 3. Blatt der Basis wechseln sich bei allen europäischen Rebsorten jeweils zwei Blätter mit und eines ohne Geschein oder Ranke ab.

Am grünen Trieb können sich im Laufe des Sommers aus den Blattachseln Triebe zweiter Ordnung, so genannte **Geiztriebe**, entwickeln, wobei die Intensität sortenabhängig ist. Der Bereich Blatt, Auge in der Blattachsel und Ranke oder Geschein entspricht einem Knoten (Nodium), zwischen zwei Nodien erstreckt sich das Internodium.

Die **Blätter** sind wichtige Ernährungsorgane für die Rebe, denn über die Assimilation von Kohlendioxid aus der Luft, und Wasser aus dem Boden bilden sie mit Hilfe der Sonnenenergie organische Substanzen. Der Blattstiel bringt die Blattspreite immer in die günstigste Stelle zum Licht. Form und Färbung der Blätter helfen bei der Unterscheidung von Rebsorten. Partielle oder allgemeine Verfärbungen der Blätter im Sommer deuten auf Krankheiten, Schädlinge oder Ernährungsstörungen hin (siehe dazu Seite 59).

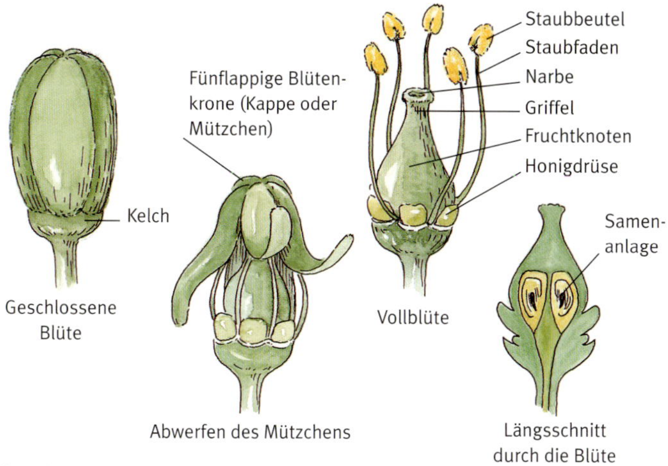

Aufbau der Rebenblüte.

Gelb- oder **Rotverfärbungen** im Herbst kündigen dagegen den Wachstumsabschluss an.
Blütenstände werden bis zum Ablauf der Blüte als **»Gescheine«** bezeichnet. An einem Sommertrieb können bis zu vier Gescheine gezählt werden. Gut entwickelte Gescheine tragen bis zu 250 winzige Einzelblüten. Sie sind bei der traubentragenden Art *Vitis vinifera* zwittrig, d. h. sie können sich selbst befruchten. Um ihren Fruchtknoten mit Griffel und Narbe reihen sich fünf Staubfäden mit Staubbeuteln und die fünflappige Blütenkrone.
Nach der Befruchtung werden die Gescheine zu **Trauben;** botanisch korrekt sind es jedoch Rispen, denn die Beeren sitzen nicht direkt auf der Fruchtachse, sondern an deren Verzweigungen. Sie enthalten 1–3 Kerne und sind je nach Sorte und Reifegrad farblich verschieden. Im Reifezustand überziehen sie sich mit einer feinen weißlichen oder bläulichen **Wachsschicht,** dem **»Duft«** (man spricht von bedufteten Trauben).
Die **Ranken** sind Kletter- oder Halteorgane und botanisch gleichen Ursprungs wie die Gescheine; deshalb findet man häufig Übergangsstadien zwischen beiden.

Die Rebenentwicklung über das Jahr

Der zeitliche Ablauf von Wachstum und Entwicklung der Reben wird in der Phänologie erfasst. Die **phänologischen Daten** (bildlich von Eichhorn und Lorenz dargestellt, siehe Grafik Seite 52) und nicht der Kalender entscheiden über den Zeitpunkt der erforderlichen Kulturmaßnahmen. Wesentliche Entwicklungsphasen sind der Austrieb, der Verlauf des Triebwachstums, Blüte, Befruchtung und Reife der Trauben.
Erstes Anzeichen für das Ende der Winterruhe ist das **»Bluten« der Reben,** wenn an den Schnittstellen am einjährigen Holz Safttropfen austreten. Der Austrieb wird Mitte bis Ende April eingeleitet, wenn die mittlere Tagestemperatur auf 10 °C

Nach der Blüte verspricht der junge Fruchtansatz reiche Ernte.

Reife, schön beduftete Traube – hier von 'Dornfelder'.

Die zeitlichen Entwicklungsstadien der Rebe. An ihnen orientieren sich die jeweiligen Pflege- und Behandlungsmaßnahmen.

ansteigt und eine bestimmte Temperatursumme erreicht wurde. Beim Triebwachstum folgt die Rebe noch dem Wachstumsmuster der Wildformen, die in den Wäldern immer bestrebt sein mussten, zum Sonnenlicht hin zu wachsen. Bei ausreichender Licht- und Wasserversorgung entwickeln sich die Reben bei 25–30 °C am besten.

Die Blütenstände werden schon bald nach dem Austrieb sichtbar. Bis zur Blüte dauert es dann 6–8 Wochen, wozu wiederum eine bestimmte Temperatursumme aufgelaufen sein muss. Je früher die Reben blühen, desto länger haben die Beeren Zeit zur Reife.

Beim Blühvorgang verhält sich die Rebe sehr eigenwillig: die Blütenkrone löst sich nämlich von unten her und hängt vorübergehend wie eine **Kappe** oder ein **»Mützchen«** über der restlichen Blüte (siehe Grafik Seite 51). Zu gleicher Zeit entlassen die Staubbeutel ihre Pollen, so dass nur blüteneigener Staub die Eizelle befruchtet. Zur Blütezeit soll es warm, windstill und etwas luftfeucht sein, dann ist innerhalb von acht Tagen mit einem vielversprechenden Fruchtansatz zu rechnen. Kühles, nasses Wetter verzögert die Blüte und beeinträchtigt die Befruchtung.

Nicht bestäubte Fruchtanlagen werden mehr oder weniger zahlreich abgestoßen und rieseln durch den Fruchtstand nach unten, die Gescheine **»verrieseln«.** Die Neigung zum Verrieseln ist auch sortenbedingt oder wird durch zu starkes Wachstum (zu viel Stickstoff), durch Krankheiten (Virosen) bzw. fehlende Nährstoffe (Bor) gefördert.

In den befruchteten Beeren bilden sich zunächst sehr viel neue Zellen, bis sie etwa auf Schrotkorngröße herangewachsen sind. Danach dehnen sich die Zellen aus, die Beeren werden größer, lagern Fruchtsäuren ein, der ganze Fruchtstand dreht sich nach unten und wird zur »Traube«. Die Reife beginnt, wenn die Beeren »hell«, durchscheinend werden bzw. anfangen, sich zu färben. Jetzt nimmt die Saftmenge rasch zu, Säuren werden abgebaut und Zucker verstärkt eingelagert.

Gesundes Blattwerk, sonnige Spätsommer- und Herbsttage zusammen mit einer guten Wasserversorgung fördern die Reifevorgänge. Der langsamere Reifeverlauf in den nördlichen Anbauzonen wirkt sich günstig auf die Bildung von Frucht- und Aromastoffen aus. Das Wachstum der Triebe wird eingestellt, wenn zum Herbst hin sich die bis dahin leicht gekrümmte Triebspitze streckt.

Blattfall und Holzreife im Oktober/November schließen die Triebentwicklung ab.

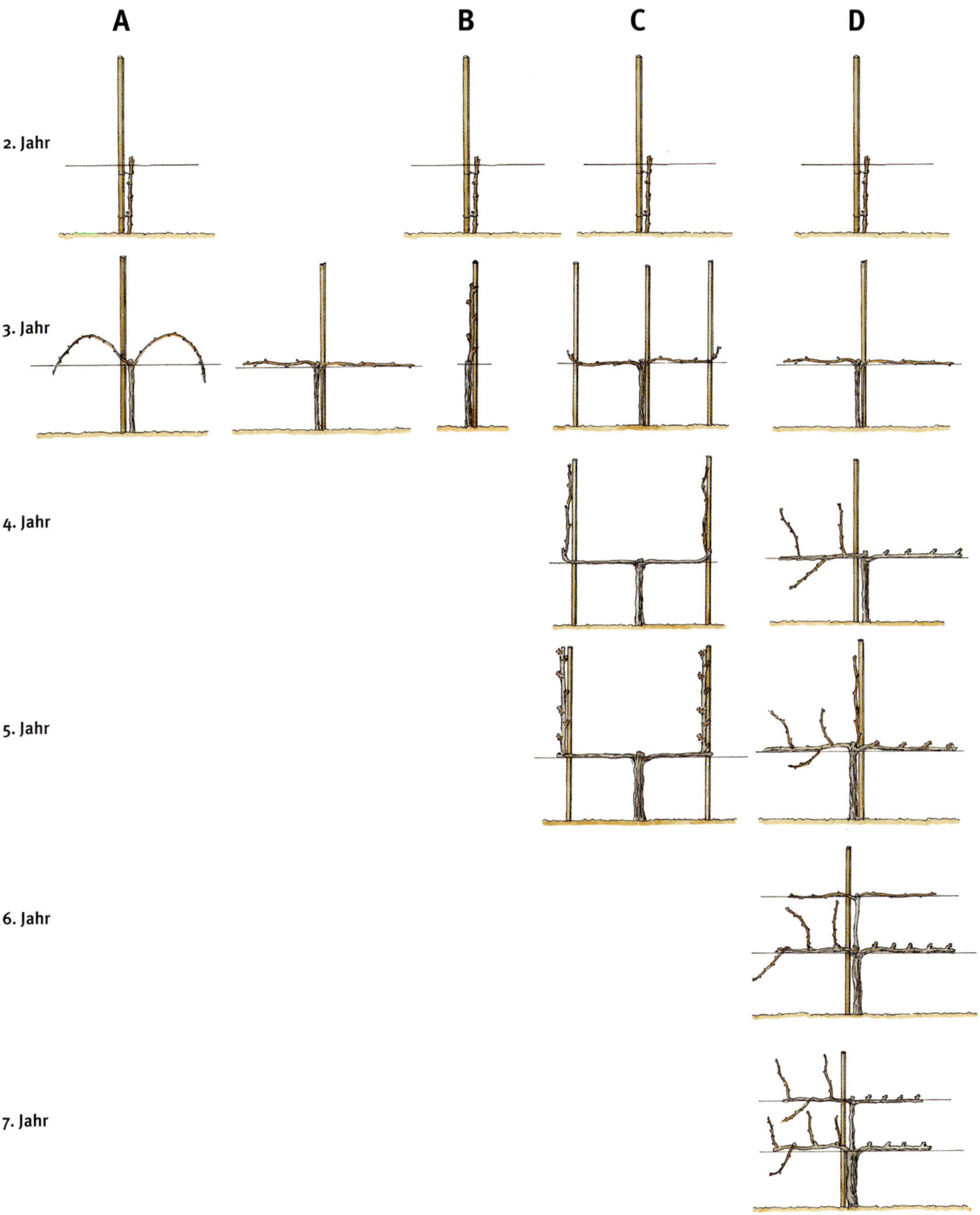

Entwicklung verschiedener Erziehungsformen (jeweils nach dem Schnitt im 2., 3. usw. Jahr): A zu Halb- oder Flachbogen, B zu senkrechtem Kordon, C zu zweiarmigem senkrechten Kordon, D zu waagerechtem Kordon mit Strecker oder Zapfen auf einer oder zwei Etagen.

Beim Abschneiden von mehrjährigem Holz wird ein kleiner Stummel (1 cm) zurückgelassen, da die Rebe Wunden nicht überwallt wie andere Obstarten und daher zurücktrocknet.

Reben schneiden und anbinden

Die Griechen haben den Rebschnitt zu einer Kunst entwickelt, nachdem Pausanias beobachtete, dass ein Rebstock, dem ein Esel einen Teil der Triebe abgefressen hatte, im folgenden Jahr mehr und schönere Früchte trug. Von da an sollen die Reben einem jährlichen Schnitt unterzogen worden sein.

Der Rebschnitt

Tatsächlich ist der Rebschnitt die wichtigste jährliche Erziehungsmaßnahme, die nicht nur ein Gleichgewicht zwischen Wachstum, Ertrag und Reife herstellen, sondern auch die einmal festgelegte Erziehungsform erhalten soll.
Dazu muss das fruchttragende Holz an der richtigen Stelle auf das zulässige Maß reduziert werden. Der im Weinbau empfohlene Anschnitt von 6–10 Augen je m^2 Standfläche (je nach Rebsorte und Wuchskraft) kann auch hier als Maßstab gelten.
Die Zahl der Augen wird je nach Erziehungsart auf **Ruten**, **Strecker** oder **Zapfen** verteilt. Das Fruchtholz muss dabei immer möglichst nahe am alten Holz angeschnitten werden.

Bei der Bogenerziehung im Spalierdrahtrahmen oder einfachen Wandspalier werden pro Stock in Stammnähe eine oder zwei Ruten ausgewählt und darunter durch einen Zapfen ergänzt. Er liefert im nächsten Jahr das »Ersatzholz«, wenn am alten Bogen keine geeignete Rute zu finden ist oder der Stock außer Form zu geraten droht.
Bei waagerechter Kordonerziehung können Ruten, Strecker oder Zapfen angeschnitten werden.
Der Schnitt auf Zapfen ist nur ratsam, wenn die Sorte an den basalen Augen ausreichend fruchtbar ist. Die Zapfen sind stets auf der Oberseite des Kordons anzuschneiden. Immer sollte der Zapfen so nah wie möglich am alten Holz angeschnitten werden.

Links: Der Anschnitt eines Zapfens mit zwei gut entwickelten Augen im 4. Jahr erfolgt immer auf der Oberseite des Kordonarmes. Beim Schnitt in den Folgejahren werden Zapfen (Mitte) oder Strecker (rechts) immer möglichst nahe am alten Holz geschnitten.

Für Ersatzholz sorgen

Trotzdem werden die Höcker an den Anschnittstellen immer größer, wodurch die Fruchtholzentwicklung allmählich beeinträchtigt wird. Deshalb ist von Zeit zu Zeit mit entsprechendem **Ersatzholz** in der Nähe des Höckers eine neue Anschnittposition zu schaffen, um die alte absetzen zu können. Werden Strecker oder Ruten auf dem Kordon angeschnitten, sind die Fruchtholzabstände anzupassen. Zum Strecker oder zur Rute gesellt sich dann noch ein unterhalb positionierter Zapfen, mit dem für Ersatzholz gesorgt wird. Bei Bedarf können auch Triebe aus dem alten Holz als Ersatzholzlieferanten dienen. Mit zunehmendem Alter lässt die Wuchskraft ganzer Kordonarme stark nach, so dass sie mit einem kräftigen Trieb von der Basis her neu aufgebaut werden müssen. Beim Schnitt am senkrechten Kordon stehen die Zapfen im vertikalen Abstand von ca. 20 cm.

Im Hinblick auf das Spitzenwachstum der Rebe kommt es hier in besonderem Maße darauf an, jeweils unterhalb Triebe aus dem alten Holz zu erhalten, um nicht vorzeitig Anschnittstellen aufgeben zu müssen und die Verkahlung zu fördern.

Die Winterruhe geht dem Ende entgegen, die Weinstöcke sind schon geschnitten.

Durch Zapfen sorgt man rechtzeitig für Ersatzholz.

Zeitpunkt und Technik

Der beste Zeitpunkt für den Schnitt der Hausreben ist der März, bei günstiger Witterung

Waagerechter Kordon mit Streckerschnitt bei einer Hausrebe. ▶

◀ An dieser rustikalen Pergola ist der Rutenschnitt (oben) gut erkennbar.

auch schon früher. Ein sauberer Schnitt erleichtert die sommerlichen Pflegearbeiten. Triebe oder Zapfen werden 1–2 cm über einem Auge glatt oder schräg vom Auge weg angeschnitten. Beim Entfernen von verholzten Geizen oder Ranken sollen keine Stummel zurückbleiben.

Wilde Triebe müssen glatt am mehrjährigen Holz abgeschnitten werden, da an der Basis sonst viele schlafende Knospen austreiben.

Werkzeug

Zum Schneiden verwendet man Scheren mit gut geschärfter Klinge und nicht zu breiten Backen. Zum Entfernen von Holzteilen über 25 mm Durchmesser wird am besten eine Stichsäge eingesetzt.

Biegen und Anbinden

Stämme und Kordonarme müssen in jungem Stadium mit stabilen Bändern an der Unterstützungsvorrichtung befestigt werden. Die Bänder sind jährlich auf ihre Haltbarkeit zu überprüfen; gleichzeitig ist zu verhindern, dass sie ins Holz einwachsen. Die für Obst- und Gartenbau auf dem Markt angebotenen Bänder sind auch für die Rebe verwendbar.

Beim Anbinden des Fruchtholzes werden Strecker und Ruten zu mehr oder weniger gekrümmten Bögen formiert, weil sich dann die Triebe entlang des Fruchtholzes gleichmäßiger entwickeln. Zudem wird die Rebe

angeregt, unterhalb der Biege- oder Knickstelle, also in erwünschter Nähe des alten Holzes, kräftige Triebe für den nächstjährigen Schnitt auszubilden.
Beim Biegen müssen die relativ spröden Triebe an der Biegestelle mit der Hand etwas abgestützt werden, damit sie nicht brechen. Feuchtes Wetter macht das Holz elastischer und erleichtert den Biegevorgang. Die Bögen sind in der Unterstützung möglichst so anzuordnen, dass sie sich nicht kreuzen oder übereinander liegen.
Zum Befestigen der Ruten haben sich dünne, in Papier eingelegte Drähte oder entsprechende Schnüre bzw. Bänder aus Kunststoff bewährt. Das Biegen und Anbinden soll bis zum Austrieb der Reben abgeschlossen sein.

Laubarbeiten

Sorgfältiger und sachgerechter Umgang mit den grünen, also belaubten Teilen der Weinreben im Frühjahr und Sommer fördert Wachstum und Assimilation, beugt Krankheiten vor und hilft, das gewählte Erziehungs- bzw. Kultursystem zu erhalten. Diese so genannten Laubarbeiten erfordern verschiedene Maßnahmen.
Zu den Laubarbeiten zählen
- das Ausbrechen (Entfernen junger grüner Triebe),
- das Heften (Einordnen der Triebe in die Unterstützung),

Je früher ausgebrochen werden kann, desto übersichtlicher ist noch der Rebstock und desto gezielter und gleichzeitig rascher können entbehrliche Triebe entfernt werden. Damit spart man außerdem auch Wasser und Nährstoffe.

Die Sonne bringt es an den Tag: ▶
Die Beeren sind »hell« und reif zur Ernte.

- das Einkürzen und Ausgeizen (Laubschnitt) und eventuell
- das Entlauben (Freistellen der Trauben).

Das Ausbrechen

Das Ausbrechen betrifft vornehmlich die überflüssigen Triebe, die am mehrjährigen Holz aus schlafenden Augen austreiben.
Sie werden als **»Wasserschosse«** bezeichnet, weil sie in der Regel keine Früchte tragen, somit unnötig Wasser- und Nährstoffe verbrauchen und den fruchttragenden Trieben Licht und Luft wegnehmen. Sie sind nur dann willkommen, wenn sie sich zur erforderlichen Verjüngung von Höckern beim Zapfenschnitt oder von Kordonarmen und Schenkeln eignen. Das Ausbrechen beginnt spätestens nach der Spätfrostgefahr, wenn sich die jungen Triebe noch leicht vom Holz lösen lassen.

Vorsicht beim Entlauben an stark besonnten Südwänden. An den Beeren mit noch unvollkommener Wachsschicht können dann Sonnenbrandschäden auftreten.

Bereits zu kräftig gewordene Triebe müssen mit einem scharfen Messer unmittelbar am Holz abgeschnitten werden.

Das Heften

Da nicht alle Triebe von alleine in die Spaliere und Unterstützungsvorrichtungen einwachsen, werden sie beim Heften ordentlich eingesteckt und gelegentlich auch angebunden, damit sie nicht wieder herausrutschen. Damit wird für eine gleichmäßige Triebverteilung gesorgt, das Längenwachstum der Triebe und die Traubenausbildung gefördert.

Das Einkürzen und Ausgeizen

Mit dem **Laubschnitt** (Entspitzen und Gipfeln) werden im Laufe des Sommers zu lang gewordene Triebe eingekürzt. Damit will man verhindern, dass zu viel Wasser und Nährstoffe für das Triebwachstum verbraucht werden. In Spalieren werden die Triebe entspitzt, solange sie noch aufrecht stehen.
Bei Lauben oder Pergolen, wo die Triebe ohnehin herunterhängen, wird Laub geschnitten, wenn durch zu dichtes Wachstum Belichtung und Belüftung der Trauben beeinträchtigt werden könnten. Bei Trauben tragenden Trieben belässt man mindestens 8–10 Blätter zur ausreichenden Ernährung der Trauben.
Etwas abweichend von dieser Regel verfährt man mit dem Laubschnitt bei Sorten, die zum Verrieseln neigen und im senkrechten Kordon erzogenen Reben. Bei ersteren werden die Triebspitzen bereits vor der Rebblüte weggenommen in der Absicht, den Fruchtansatz zu unterstützen. Beim senkrechten Kordon wird eingekürzt, wenn die Triebe 10–12 Blätter aufweisen, um einen gleichmäßigen Wuchs entlang des Kordons anzustreben.

Ausgeizen

Beim Ausgeizen werden die aus den Blattachseln wachsenden Neben- oder Geiztriebe entfernt. Geiztriebe können einerseits in nicht tragbarer Weise die Laubwand verdichten, leisten aber auch ihren Beitrag zur Assimilation und damit zur Traubenernährung. Deshalb wird im Bedarfsfalle nur in der Traubenzone entgeizt, wobei man aber zwei Blätter des Geiztriebes stehen lassen sollte. Oberhalb der Traubenzone werden die Geiztriebe allenfalls gegipfelt.

Das Entlauben

Das Entlauben im Spätsommer dient der optimalen Traubenausbildung. Mit Beginn der Traubenreife werden die ohnehin nicht mehr aktiven Blätter in der Traubenzone entfernt. Danach können die Trauben rascher abtrocknen und werden weniger von Fäulnis befallen, Licht und Luft unterstützen Reife und Beerenausbildung.

Die richtige Düngung

Die Rebe entnimmt dem Boden Mineralstoffe für Wachstum und Früchte. Diese werden im natürlichen Kreislauf zwar teilweise durch verrottendes Laub und gehäckseltes Rebholz wieder zurückgeführt, die Vorräte des Bodens an mineralischen Nährstoffen sind aber nicht unerschöpflich.
Deshalb müssen sie regelmäßig ersetzt werden. Die Rebe ist auf die **Hauptnährstoffe** Stickstoff (N), Kalium (K_2O), Phosphat (P_2O_5), Kalzium bzw. Kalk (CaO) und Magnesium (MgO) sowie auf die **Spurenelemente** Bor (B), Eisen (Fe), Zink (Zn), Mangan (Mn), Kupfer (Cu), und Molybdän (Mo) angewiesen.

Die wichtigsten Nährelemente

Stickstoff ist elementarer Bestandteil der Eiweißstoffe und für das Wachstum unentbehrlich. Mangelt es an Stickstoff, wachsen die Reben schwach, die Blätter sind kleiner und hellgrün, die Blattstiele rot.

Kalium fördert die Blüte- und Fruchtbildung und erhöht die allgemeine Widerstandsfähigkeit der Pflanze. Kaliummangel zeigt sich an älteren Blättern durch eine violett verfärbte Blattspreite.

Phosphat unterstützt den Blühvorgang und den Fruchtansatz, ferner ist es beteiligt an der Assimilation und dem Eiweißaufbau. Damit werden Holzreife und Frosthärte günstig beeinflusst. Phosphatmangel wird fast nur in sehr sauren Böden festgestellt und ist an punktartigen, zusammenwachsenden Verbräunungen der Blattränder zu erkennen.

Kalzium (Kalk) festigt die Zellwände und ist in Steuerungsvorgänge des Stoffwechsels ein-

Rechts gut, links mangelhaft mit Stickstoff versorgte Rebe, dadurch rote Blattstiele, kleinere und hellere Blätter und Früchte.

Kaliummangel – typisch: die verfärbten Blätter.

Phosphatmangel – randliche Verbräunungen.

Kalkmangel (Säureschaden). ▶

Chlorose bei schweren, verdichteten Böden kann nur über Jahre hinweg durch strukturverbessernde Maßnahmen (Kompostgaben, Anbau tief wurzelnder Gründüngungspflanzen) begegnet werden.

geschaltet. Kalkmangel (Säureschaden) ruft Verbrennungen oder Verbräunungen der Blattränder (Randnekrosen) hervor. Kalküberschuss kann bei einem pH-Wert im Boden von >7 auftreten (siehe Seite 60).
Zu viel gelöster Kalk im Boden blockiert die Eisenaufnahme durch die Reben, sie erkranken an Gelbsucht oder **Chlorose.** Die Vergilbung beginnt an der Triebspitze, im fortgeschrittenen Stadium sterben Blätter und Triebspitze ab. Chlorotische Reben verrieseln gewöhnlich, Triebe und die wenigen Trauben reifen nur schlecht. Ähnliche Erscheinungen können jedoch auch auf schweren, Nässe stauenden Böden auftreten, wo chemische Prozesse unter Luftabschluss die Verfügbarkeit des Eisens mindern.

Magnesium ist u. a. ein zentraler Baustein des für die Assimilation verantwortlichen Blattgrüns (Chlorophyll). Für Magnesiummangel sind gelbliche (weiße Rebsorten) oder rötliche (rote Rebsorten) Verfärbungen zwischen den Blattadern vor allem der unteren Blätter charakteristisch.

Typisch für Magnesiummangel sind die in die Blattspreiten hinein wachsenden Aufhellungen.

Bei Kalküberschuss (Chlorose) vergilben zuerst die Blätter an der Triebspitze.

Bor wird bei Befruchtungsvorgängen benötigt und erfüllt Aufgaben im Hormonhaushalt der Pflanze. Gelegentlich auftretender Bormangel führt zu Verrieselungen und Blattveränderungen (nach oben gewölbte, abnorme Blattränder).

Die übrigen Spurenelemente übernehmen weitere spezielle Aufgaben und sind im Boden meist ausreichend vorhanden.

Organisch oder mineralisch?

Bei der Zufuhr von mineralischen Nährstoffen ist es für die Pflanze zunächst unerheblich, ob diese als Mineraldünger oder organisch gebunden in organischen Düngern verabreicht werden, denn sie kann die Nährstoffe hauptsächlich nur in elementarer Form und in Wasser gelöst aufnehmen. In mineralischen Düngern allerdings stehen die Nährstoffe rascher zur Verfügung und können gezielter bemessen werden, während sie in organischen Düngern erst von Mikrolebewesen des Bodens freigesetzt (mineralisiert) werden müssen, um verwertbar zu sein. Entscheidend ist die richtige Bemessung der Düngergaben. Genaue Auskunft darüber liefert nur eine **Bodenuntersuchung** in privaten Labors oder landwirtschaftlichen Untersuchungs- und Forschungsanstalten (Adressen mit genauer Anleitung über die Entnahme der Bodenproben siehe Seite 92). Vor allem bei Neuanpflanzungen und bei regelmäßig auftretenden Mangelerscheinungen sollte man sich dieser Fachstellen bedienen. Die Untersuchung ist dann alle 4–7 Jahre zu wiederholen. Für die Untersuchung benötigt man aus Oberboden (0–30 cm) und Unterboden (30–60 cm Tiefe) jeweils 250 bis 300 g steinfreien Boden. Bei größeren Flächen müssen Mischproben aus mehreren Einstichen (2–3/100 m²) hergestellt werden. Der pflanzenverfügbare Stickstoff in Form von Nitrat kann mit den **Schnelltestverfahren** Merckoquant oder Reflectoquant annähernd selbst ermittelt werden (N_{min}-Untersuchung). Man benötigt dazu entweder

Durch eine Bodenuntersuchung lässt sich der vorhandene Nährstoffgehalt genau bestimmen.

> Vor einer Neuanpflanzung oder bei ernährungsbedingten Wachstumsstörungen ist eine Bodenuntersuchung bei entsprechenden Stellen unbedingt anzuraten.

Reinnährstoffgaben für normal versorgte Böden	
Nährstoff	**Nährstoffmenge (kg/100 m²)**
Stickstoff	0,4–0,6 kg
Phosphat	0,2–0,3 kg
Kalium	leichte Böden 0,4–0,6 kg mittlere Böden 0,6–0,7 kg schwere Böden 0,6–0,8 kg
Magnesium	0,2–0,3 kg
Kalzium (Kalk)	je nach Bodenreaktion 3–5 kg
Bor	0,001–0,002 kg

eine Bodenlösung oder den Presssaft von Blattstielen zur Zeit der Rebblüte. Zeigt der Test im Boden über 60 kg Nitrat oder im Presssaft über 100–200 mg NO_3/l an, ist keine Stickstoffdüngung notwendig.
Da Nitrat-Stickstoff im Boden leicht ausgewaschen wird und das Grundwasser belasten kann, sollte auf den Test nicht verzichtet werden. Sonstige Untersuchungen mit im Handel erhältlichen Verfahren liefern nur grobe Anhaltspunkte über die Nährstoffverhältnisse im Boden.

Die Düngung in der Praxis

Stickstoff wird ab April mit einem ammoniakhaltigen Dünger ausgebracht. Eine Nachdüngung mit Kalksalpeter nach der Blüte ist nur bei schwachem Wuchs und hohem Fruchtansatz anzuraten. Alle weiteren Dünger können im Spätherbst bis zum zeitigen Frühjahr verabreicht werden.
Zur **Kalidüngung** verwendet man einen 40%igen Kalidünger mit 5 % Magnesium oder Kalimagnesia grob mit 30 % Kalium und 10 % Magnesium, womit gleichzeitig ausreichend Magnesium gedüngt wird.
Geeignete **Phosphatdünger** sind Novaphos, Hyperphos, Superphosphat oder Thomasphosphat. Bei der Bemessung der Düngermenge sind jeweils die unterschiedlichen Nährstoffgehalte zu berücksichtigen.
Zur **Kalkdüngung** wird in leichten Böden kohlensaurer Kalk

Anzustrebende Nährstoffgehalte in Böden für Weinreben		
Inhaltsstoffe	**Boden**	**Anzustrebende Werte**
Bodenreaktion	leicht mittelschwer schwer	pH 6,0–6,5 pH 6,5–7,0 pH 6,8–7,2
Phosphat	alle Böden	12–20 mg P_2O_5 /100 g Boden
Kalium	leicht mittelschwer schwer	10–20 mg/100 g Boden 15–25 mg/100 g Boden 20–30 mg/100 g Boden
Magnesium	alle Böden	10–15 mg/100 g Boden
Bor	alle Böden	0,7–0,9 mg/100 g Boden
Humus (organische Substanz)	leicht mittelschwer schwer	1,5–2,0 % organische Substanz 1,8–2,4 % organische Substanz 2,0–2,9 % organische Substanz

und in schweren Böden Branntkalk gegeben. Kalk kann für drei Jahre auf Vorrat ausgeteilt werden.

Zur **Magnesiumdüngung** wird Kieserit eingesetzt, wenn mit Kali oder Kalk nicht gleichzeitig genügend Magnesium ausgebracht wurde.

Bor wird am einfachsten in Kombination mit einem Phosphat- (Borsuperphosphat) oder Stickstoffdünger (Borammonsulfatsalpeter) gedüngt.

Da **Mehrnährstoffdünger** (z. B. Nitrophoska) die Arbeit der Düngung vereinfachen, werden sie häufig den Einzeldüngern vorgezogen. Ihr Nährstoffverhältnis stimmt jedoch nicht immer mit den Bedürfnissen der Rebe überein; deshalb sollen sie nur im Wechsel oder ergänzt durch Einzeldünger eingesetzt werden. Alle auf offenem Boden ausgebrachten Düngemittel müssen flach eingearbeitet werden.

Eine **organische Düngung** soll in erster Linie fördernd auf die Bodenstruktur wirken, das Bodenleben verbessern oder nützliche Bodenorganismen ernähren. Die in organischen Düngern enthaltenen Nährstoffe sind der mineralischen Dünger-

Eine ausgewogene Ernährung der Reben sichert die reiche Ernte gut ausgebildeter, schmackhafter Früchte.

gabe anzurechnen, sie tragen nach ihrer Freisetzung ebenfalls zur Ernährung der Pflanze bei. Da für die ablaufenden Prozesse Wärme, Feuchtigkeit und Sauerstoff notwendig sind, wird die Mineralisierung von den Witterungsvorgängen abhängig und eine gezielte Nährstoffgabe ist fast unmöglich.
Die Mengenbemessung erfolgt nach dem Gehalt an Stickstoff. Zur Bodenverbesserung offener Böden mit einem durchschnittlichen Humusgehalt (2–3 %) wird im Turnus von drei Jahren ca. 1 dt. organische Trockenmasse/100 m² benötigt. Dies entspricht etwa 2 m³ Kompost oder 6–8 dt. gut verrotteten Stallmistes.
Bei einer nach dem Stickstoffgehalt bemessenen organisch-mineralischen Düngergabe reicht die gleichzeitig verabreichte Menge an organischer Substanz nicht aus, den Humusbedarf des Bodens zu decken.
Organische Dünger werden in der Regel im Winter oder zeitigen Frühjahr ausgebracht und nach Möglichkeit leicht in den Boden eingearbeitet.

Auch der Boden braucht Pflege

Die Reben wachsen am besten in einem lockeren, gut durchlüfteten, humus- und nährstoffreichen Boden. Neben der organi-

Empfehlenswerte Gras-Klee-Mischungen zur Bodenpflege

	grasbetont (g/100 m²)	kleebetont (g/100 m²)
für leichtere Böden		
Bokharaklee		50
Erdklee	100	
Hornschotenklee		100
Horstrotschwingel	100	
Phacelia		50
Platthalmrispe	100	50
Weißklee		100
Wiesenrispe	200	50
Insgesamt	**500**	**400**
für mittlere bis schwere Böden		
Bokharaklee		50
Deutsches Weidelgras	50	
Horstrotschwingel	100	
Phacelia		50
Rotklee		50
Weißklee		150
Wiesenrispe	250	100
Insgesamt	**400**	**400**

schen Düngung versucht die Bodenpflege, diesen Zustand herbeizuführen oder zu erhalten. Sie erübrigt sich, wenn der Standraum der Reben mit Stein- oder Betonplatten, Pflaster- oder Rasensteinen abgedeckt ist. Sofern hier Wasser und Luft durch Fugen und Ritzen eindringen können, bleibt die Bodenstruktur ungestört und auf der Suche nach Nährstoffen und

Wasser wird der Boden weiträumig durchwurzelt. Pflegemaßnahmen sind dagegen unter Rebreihen, Spalieren, Laubengängen und Pergolen unbedingt notwendig. In den ersten beiden Standjahren wird der Boden mit Hacke, Spaten oder Fräse offen gehalten und von Zeit zu Zeit ge-lockert. Im Herbst werden die Jungreben bis über die Veredlungsstelle angehäufelt und im März wieder abgeräumt. Ab dem dritten Standjahr empfiehlt sich, bei ausreichenden Niederschlägen (jährlich 700 mm) eine **Begrünung** mit natürlich aufkommenden **Wildgräsern** und **-kräutern** oder gezielt durch Ansaat von **Gras-Klee-Mischungen.** Der Aufwuchs muss regelmäßig kurz gehalten werden. Die Aussaat einer temperären Begrünung (Gründüngung) im Spätsommer nützt die Winterfeuchtigkeit und liefert reichlich organische Masse. In Trockengebieten erhält eine Bodenbedeckung mit Laub, Mähgut, Baumrinde, Stroh u. ä. die Bodenfeuchtigkeit und macht eine Bodenbearbeitung überflüssig. Bedeckter Boden nimmt zudem mehr Niederschläge auf und schützt das Bodenleben.

◀ Die Begrünung im Weinberg verbessert nachhaltig die Bodenstruktur.

Stroh als Mulch schützt den Boden und liefert Humus.

auf einen blick

- Nach der Pflanzung muss man sich für eine Erziehungsart entscheiden und diese durch entsprechenden Schnitt auch beibehalten.
- Gute Pflege setzt eine stabile Unterstützungsvorrichtung voraus.
- Mit dem Rebschnitt werden Stockform und Ertrag bestimmt.
- Durch Laubarbeiten wird den Trieben und Trauben stets genügend Luft verschafft.
- Die regelmäßige und den Verhältnissen angepasste Zufuhr der wichtigsten Nährelemente sichert Ertrag und Lebenskraft der Weinrebe.

Pflanzenschutz am Weinstock

Krankheiten und Schädlinge können Entwicklung und Ertrag unserer Weinreben gefährden. Kennt man jedoch die Biologie der Krankheitserreger und Schädlinge, so erleichtert dies deren Abwehr und erlaubt die Anwendung umweltschonender Verfahren.

Auch beim Anbau resistenter Sorten ist ein Mindestmaß an Pflanzenschutz, selbst mit chemischen Präparaten, oft nicht zu vermeiden. Der Befallsdruck außerhalb der Weinbaugebiete ist zwar geringer, sobald sich aber Krankheiten oder Schädlinge einmal eingenistet haben, sind Behandlungsmaßnahmen nicht zu umgehen.
Je besser man dann Auftreten und Lebensweise der Parasiten kennt, desto sicherer können gezielte Bekämpfungsschritte eingeleitet werden.
Die gefährlichsten **Pilzkrankheiten** für europäische Reben sind der Echte *(Oidium)* und der Falsche Mehltau *(Peronospora)*. Gegen diese aus Amerika eingeschleppten Krankheiten haben europäische Reben keine Widerstandskräfte entwickeln können.
Daneben verursacht der Allerweltspilz *Botrytis*, verantwortlich für die Traubenfäule, immer wieder Ärger. Schwarzfleckenkrankheit und Roter Brenner sind dagegen für Hausreben von untergeordneter Bedeutung.
Der wichtigste **tierische Schädling** neben der Reblaus ist der Traubenwickler mit seinen Gescheine und Beeren fressenden Räupchen. Dazu können Milben, Zikaden, Rhombenspanner, Springwurm, Rebstichler, Dickmaulrüssler, Schild- und Schmierläuse auftreten.

◀ Junge Reben schützt man mit Draht- oder Kunststoffhosen vor Wildverbiss.

Lebensweise, Schadbild und Bekämpfung der Pilzkrankheiten

Echter Mehltau

Der Echte Mehltau *(Oidium tuckeri)* ist vermutlich der häufigste und verbreitetste Schadpilz an Hausreben, denn an Hausmauern und in Gärten findet er meist günstige Entwicklungsbedingungen. Der Pilz überwintert am Holz und in den Rebknospen, Sporen sorgen für seine Verbreitung und für Infektionen an grünen Rebteilen.
Warme Tage, kühle Nächte und hohe Luftfeuchtigkeit fördern seine Entwicklung.
Der Echte Mehltau tritt vom Austrieb bis in die Spätsommer- und Herbstmonate auf. Nur bereits mit einer Wachsschicht versehene Beeren sind vor einer Infektion geschützt. Die grünen Rebteile werden mit einem Pilzgeflecht überzogen, das Saugfortsätze ins Innere der Pflanze schickt. Auf Blättern, Trieben, Gescheinen oder Trauben bildet sich ein weißlich grauer, mehlig aussehender, muffig riechender Belag.
Befallene Beeren platzen auf und zeigen die grünen Traubenkerne (Samenbruch). Auf verholzten Trieben weisen mosaikartige, violettgefärbte Flecken

Starker Befall mit Echtem Mehltau *(Oidium)* an jungen Trauben.

Echter Mehltau zeigt sich durch grauweißen Belag an den Triebspitzen.

auf einen Befall im vergangenen Sommer hin.
Die **Bekämpfung** des Pilzes muss in der Regel vorbeugend erfolgen. In erster Linie werden Schwefelpräparate (Netzschwefel) eingesetzt, bei starkem Befall im Vorjahr bereits ab dem Vier-Blatt-Stadium (40–60 g Netzschwefel in 10 l Wasser). Bei späteren Spritzungen im Abstand von 10–14 Tagen ist die Mittelmenge auf 20 g zu reduzieren. Nicht auf Schwefel basierende Behandlungsmittel wirken bei kühler Witterung etwas besser und sind für heranwachsende Trauben schonender.
Mit dem **Anbau widerstandsfähiger Sorten** kann die Bekämpfung ganz gespart oder auf maximal 1–2 Behandlungen reduziert werden.

Falscher Mehltau

Der Falsche Mehltau *(Peronospora* bzw. *Plasmopora viticola)* überwintert im alten Laub. Im Frühjahr brauchen die Sporen zur Entwicklung und Verbreitung tropfbar flüssiges Wasser (kurzzeitig etwa 10 mm Regen) und mittlere Tagestemperaturen ab 8 °C. Innerhalb eines Tages treibt die überwinternde Form aus und entlässt so genannte Zoosporen, die durch Regen und Wind auf die Blätter gelangen, in deren Spaltöffnungen eindringen und sich im Blattgewebe ausbreiten. Zur Erstinfektion reicht die Fünfmarkstückgröße eines Blattes aus.
An den Befallsstellen entstehen

Die Pilzrasen des Falschen Mehltaus entstehen auf den Blattunterseiten.

Oidium zerstört die Außenhaut, das Innere wächst weiter und die unreifen Beeren platzen auf.

Der Falsche Mehltau *(Peronospora)* überzieht die Gescheine mit seinem Pilzgeflecht.

zunächst durchscheinende gelbliche Flecken **(Ölflecken)**, auf denen sich auf der Blattunterseite bald ein Pilzrasen mit vielen Sommersporen entwickelt. Diese können bei zusagenden Bedingungen immer wieder neue Infektionen an allen grünen Teilen der Rebe verursachen.
Während im Frühjahr von der Ansteckung bis zum Sichtbarwerden der Krankheit (Inkubationszeit) 10–12 Tage vergehen, verkürzt sich diese Zeit im Sommer auf 6–8 Tage. Die Befalls-

Heranwachsende Beeren trocknen bei Befall mit Falschem Mehltau ein und ergeben die »Lederbeeren«.

stellen werden allmählich braun und trocknen ein, wurde das ganze Blatt betroffen, fällt es ab **(Blattfallkrankheit).** Erkrankte Gescheine fallen ebenfalls ab, Beeren verfärben sich blaugrau und schrumpfen ein, bis sie wie kleine Lederbeutel aussehen – deshalb auch **»Lederbeeren«.**
Die **Bekämpfung** des Falschen Mehltaus kann auf Grund seiner Lebensweise im Innern der Pflanze nur vorbeugend erfolgen. Zugleich muss alles getan werden (Erziehung, Laubarbeit), damit das Laub rasch abtrocknen kann. Eine erfolgreiche Behandlung setzt voraus, dass alle grünen Rebteile mit einem Spritzbelag versehen sind, bevor die Sommersporen ausschwärmen. So muss bei anhaltender Infektionsgefahr von Ende Mai bis zur beginnenden Traubenreife im Abstand von 8–12 Tagen gespritzt werden, um den Bestand zu sichern. Längere Trockenperioden erlauben größere Spritzabstände.
Zur Behandlung steht eine Reihe von Präparaten zur Verfügung. Sofern sie eine systemische Wirkung aufweisen, gestatten sie etwas längere Spritzabstände. Aus ökologischer Sicht werden Kupferoxichloride mit 15–18 % Kupfer empfohlen. Bei **resistenten Sorten** wiederum kann mit geringen Ausnahmen auf eine Behandlung verzichtet werden.

»Sauerfäule« nennt man den ▶ Befall unreifer Trauben durch den Grauschimmel *(Botrytis)*.

Graufäule (Beerenfäule)

Der Schwächeparasit *Botrytis cinerea* ruft die Graufäule hervor. Er befällt die Pflanze über Wunden oder schwaches Gewebe und kann bei optimalen Bedingungen auch auf gesundes Gewebe übergreifen. Der Pilz überwintert im alten Laub oder am Rebholz. Seine Sporen keimen schon bei relativ niedrigen Temperaturen. Besonders wohl

»Stielfäule« – wenn der Grauschimmel das Stielgerüst der Trauben befällt.

Die physiologisch bedingte »Stiellähme« verhindert eine weitere Traubenreife.

fühlt er sich ab 18–20° und feuchter Atmosphäre. Dann bildet er ein kräftiges Geflecht aus, auf dem die mausgrauen Vermehrungsorgane sitzen. Unter günstigen Bedingungen kann er im Frühjahr auch junge Triebe und Gescheine befallen. Infektionen an Trauben und Beeren gehen von abgestorbenen Blütenresten oder Fraßschäden des Sauerwurms aus (siehe Seite 75). Schäden entstehen auch an kompakten Trauben, wenn die Beeren sich quetschen. Bei Erkrankungen des Stielgerüstes **(Stielfäule)** verderben ganze Traubenteile oder Trauben und fallen ab. Bei starkem Befall dringt der Pilz auch in die Winterknospen und zerstört die Sprossanlagen.

Vom Grauschimmel *(Botrytis)* befallenes Rebholz.

Zur **Bekämpfung** der Graufäule ist vorbeugend stets auf gute Belüftung und Belichtung von Laub und Trauben zu achten. Zudem darf das Wachstum über die Stickstoffdüngung nicht zu stark angeregt werden. Direkt lässt sich *Botrytis*-Befall durch Einsatz synthetischer *Peronospora*-Mittel eindämmen. Durchgreifender wirken aber Botrytizide, die vor allem unmittelbar nach der Blüte, kurz vor dem Schließen der Trauben und vor Reifebeginn vorbeugend eingesetzt werden sollen (siehe Seite 72).

Schwarzfleckenkrankheit

Die Schwarzfleckenkrankheit *(Phomopsis viticola)* wurde in Deutschland erst in den sechziger Jahren festgestellt. Befallene Reben zeigen an der Basis einjähriger Triebe langgezogene, braune, nierenförmige Flecken, die in der Mitte aufreißen und deren Ränder etwas wulstartig aufgeworfen sind.

Rebtrieb mit typischen Symptomen der Schwarzfleckenkrankheit.

Auch die unteren Blätter, Blatt- und Traubenstiele können befallen sein, wobei auf den Blattspreiten ovale bis eckig begrenzte, oberflächlich bis durchgehend schwarz verfärbte Nekrosen zu sehen sind. Sie werden von einem hellen Hof umgeben, zuweilen kommt es zu Rissen und Löchern.

Im Spätjähr und Winter färbt sich das einjährige Holz an den unteren Triebteilen bis in seine ganzen Länge weißgrau und ist mit kleinen schwarzen Pusteln besetzt. Vom Pilz befallene Knospen treiben nicht mehr aus, so dass die zum Anschnitt erforderlichen Triebe meist fehlen. Außerdem kann er den ganzen Holzkörper zerstören, wodurch ganze Schenkel absterben und für den Stockaufbau ausfallen.

Der Pilz dringt über Wunden in die grünen Rebteile ein, entwickelt sich aber erst mit der Verholzung weiter, indem er nun auch Fruchtkörper bildet. Im Frühjahr bei Temperaturen ab 8 °C und ausreichender Feuchtigkeit reifen die Sporen und werden durch Wassertropfen, Wind, Insekten und Milben weiterverbreitet. Kühles und feuchtes Wetter begünstigt die Infektion der grünen Rebteile.

Bekämpfung: Stark befallene Reben müssen bereits beim Austrieb mit *Peronospora*-Mitteln behandelt werden. Während des Sommers wirkt die Bekämpfung des Falschen Mehltaus gleichzeitig gegen die Schwarzfleckenkrankheit.

Mittel zur Bekämpfung von Pilzkrankheiten *

Krankheit	Mittel	Menge für 10 l Wasser (A)	(B)	Wartezeit in Tagen	Abstand zu Gewässern	Max. Anwendungen (FM)	(SK)	Empfohlen im umweltschonenden Weinbau bei max. ...... Anwendungen
Falscher Mehltau (FM)	Aktuan 1)	12,5 g	12,5 g	35	20 m	8	3	2
	Folpan 80 WDG 1)	10 g	15 g	35	30 m	5	4	
und	Antracol WG 3)	20 g	20 g	56	30 m	8	2	2
Schwarzfleckenkrankheit (SK)	Detia Pilzol 2)	20 g	20 g	56	30 m	6	4	
	Dithane Neo Tec 2)	20 g	20 g	56	30 m	6	4	
	Dithane Ultra WG 2)	20 g	20 g	56	30 m	6	4	2
	Mikal MZ 3)	25 g	25 g	56	20 m	6	2	2
	Polyram WG 3)	20 g	20 g	56	20 m	8	2	3
	Flint 1) (nur gegen SK)	1,5 g	3 g	35	30 m	–	3	
Falscher Mehltau	Euparen M WG 3)	15 g		35	40 m	8		2
	Folicur EM 2)	25 g		35	50 m	3		
	Forum 1)	12 ml		35	10 m	6		
	Forum Star 1)	12 g		35	30 m	6		
	Funguran 1)	25 g		35	30 m	4		4

* siehe Anhang Seite 101

Fortsetzung nächste Seite ▶

Mittel zur Bekämpfung von Pilzkrankheiten *

Krankheit	Mittel	Menge für 10 l Wasser	Wartezeit in Tagen	Abstand zu Gewässern	Max. Anwendungen	Empfohlen im umweltschonenden Weinbau bei max. ...... Anwendungen
Falscher Mehltau	Electis 2)	18 g	56	20 m	4	4
	Cueva 2)	100 g	35	10 m	10	10
	Cuprozin flüssig	25 g	35	10 m	2	
	Folpan 500 SC 1)	15 g	35	30 m	5	
	diverse Kupferoxyd-chloride 1)	25 g	35	20 m	4	
	Kupfer fl. 450 FW 1)	15 g	35	15	2	
	Kupferkalk Spiess-Urania 1)	75 g	35	20	2	
	Quadris 1)	10 ml	35	30 m	8	
	Ridomil Gold Combi 1)	15 g	35	30 m	3	
Echter Mehltau	Castellan 1)	2 g	42	10 m	6	2
	Collis 1)	4 g	28	5 m	3	
	Cueva 2)	100 g	35	10 m	10	
	Discus/Stroby 1)	1,5 g	35	5 m	6	2
	Folicur EM 2)	25 g	35	50 m	3	
	Flint 1)	1,5 g	35	15 m	3	
	Fortress 250 1)	2 g	14	15 m	7	
	Magellan 1)	5 g	28	10	6	
	Netzschwefel (VB) 2)	60 g	56 g	10 m	8	2
	Netzschwefel (NB) 2)	30 g	56 g	10 m	8	2
	Prosper 2)	5 ml	35	20 m	6	
	Quadris 1)	10 ml	35	30 m	3	
	Stroby WG 1)	1,5 ml	35	5 m	6	
	Systhane 20 EW 1)	1,5 ml	28	4)	8	
	Topas 1)	1,5 ml	35	10 m	6	3
	Vento 1)	2,5 ml	21	10 m	7	
Botrytis	Cantus 1)	12,5 g	35	10 m	2	1
	Euparen M WG 3)	20 g	35	40 m	6	
	Folicur EM 2)	25 g	35	50 m	3	2
	Rovral 3)	7,5 g	28	20 m	3	
	Scala 1)	12,5 ml	28	10 m	1	1
	Switch 1)	6 g	35	20 m	2	1
	Teldor 1)	10 g	21	10 m	2	

1) = nicht Raubmilben schädigend, 2) = Raubmilben schwach schädigend, 3) = Raubmilben schädigend, 4) = in Gewässernähe Anwendungsverbot

(A) = Vorblütenspritzung, (B) = Nachblütenspritzung

In Haus und Kleingarten sind zugelassen: **gegen Falschen Mehltau und Schwarzfleckenkrankheit:** Dithane, Neo Tec, Polyram WG, Gemüse-Pilzfrei Polyram WG, Pilzfrei Dithane; **gegen Falschen Mehltau:** Cueva, Cueva Wein-Pilzfrei; **gegen Echten Mehltau:** Discus/Stroby, Thiovit Jet, Kumulus WG (6g), Netzschwefel Stulln, Cueva, Cueva Wein-Pilzfrei; **gegen Botrytis:** Erdbeerspritzmittel Botrisan, Switch, Teldor

In jedem Falle sind die Anwendungsvorschriften des Herstellers genau einzuhalten!

* siehe Anhang Seite 101

Lebensweise, Schäden und Bekämpfung tierischer Schädlinge

Reblaus

Die Reblaus hat einen unterirdischen und einen oberirdischen Kreislauf, jedoch nur die unterirdische Form kann europäische Rebsorten schädigen. Die an der Wurzel lebende, etwa 1,5 mm große Laus legt unbegattet bis zu 800 Eier ab und vermehrt sich im Laufe eines Jahres mit 4–5 Generationen. Die Läuse stechen die Wurzeln an und ernähren sich vom Zellsaft.

Reblausbefall zeigt sich durch Schwellungen (Nodositäten) an jungen Rebwurzeln.

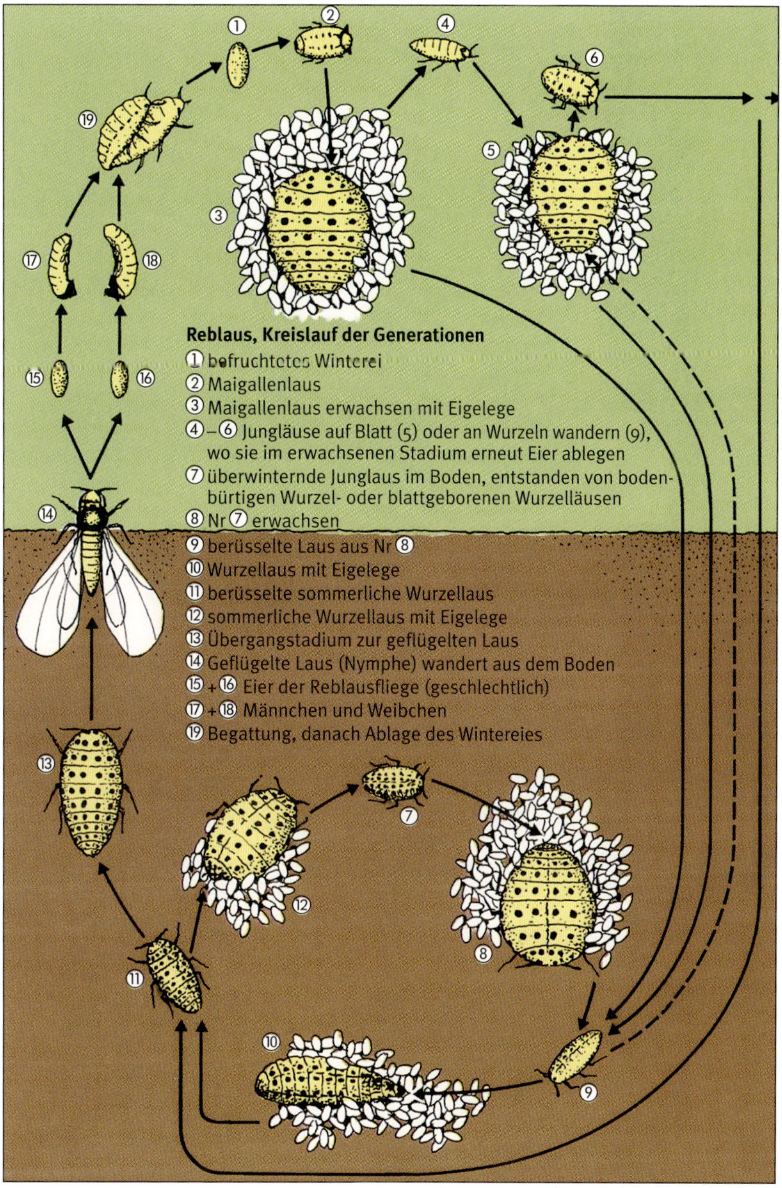

Ober- und unterirdischer Entwicklungskreislauf der Reblaus.

Der unzähligen Stichstellen können sich die Wurzeln europäischer Reben nicht erwehren. Sie reagieren mit Schwellungen und Wucherungen, die in Fäulnis übergehen, so dass die Rebstöcke nach kurzer Zeit absterben.
Amerikanische Rebensorten dagegen können die Stichstellen der Läuse mit einer Korkschicht abschließen. Durch die Herstellung von Pfropfreben (siehe Seite 35) kann man nun »mit der Laus leben«. Diesem Verfahren kommt außerdem entgegen, dass die Laus an europäischen Rebsorten ihren oberirdischen Zyklus nicht vollziehen kann.

In diesen Blattgallen vollzieht sich die oberirdische Entwicklung der Reblaus.

Motte des Bekreuzten Traubenwicklers.

Motte des Einbindigen Traubenwicklers.

Heu- und Sauerwurm – Befall durch Traubenwickler

Heuwürmer sind die erste und **Sauerwürmer** die zweite Generation der Kleinschmetterlinge **Einbindiger** und **Bekreuzter Traubenwickler.** Sie heißen Heuwürmer, weil sie zur Heuzeit auftreten, und Sauerwürmer, weil sie die noch sauren Traubenbeeren befallen. Die Räupchen des Einbindigen Wicklers sind hell rotbraun mit braunschwarzem, glänzendem Kopf- und Nackenschild. Jene des Bekreuzten Wicklers sind grünlichgrau gefärbt, ihr Kopf- und Nackenschild ist honiggelb.
Die Schädlinge überwintern als Puppe, aus der früher oder später, je nach Wärme, im Mai die Schmetterlinge oder »Motten« schlüpfen. Sie fliegen meist abends bei warmem Wetter und begattete Weibchen legen 70–90 linsenförmige, durchsichtige, etwas opalisierende knapp ein Millimeter große Eier an Gescheine oder Trauben ab. Nach 6–12 Tagen schlüpfen die Räupchen. Ihr Reifungsfraß dauert 20–25 Tage, dann verpuppen sie sich.
Aus der Puppe schält sich nach 8–10 Tagen wieder der Schmetterling. Die »Motten« der zweiten Generation fliegen etwas länger und legen ihre Eier einzeln an den Beeren ab. Die nach 5–6 Tagen geschlüpften Sauerwürmer verlassen nach 3–4 Wochen ihre Fraßplätze, verpuppen sich in Rinde oder Ritzen des Rebstockes und überwintern dort.
Heuwürmer fressen Blütenknospen, verkleben und verspinnen Gescheine oder deren Teile und schmälern damit frühzeitig den

Ertrag. Sauerwürmer bohren sich in die noch unreifen Beeren und fressen sie aus. Der Rand um das Fraßloch ist meist bläulich verfärbt.

Auf dem beschädigten und abgestorbenen Gewebe siedelt sich der *Botrytis*-Pilz an und es kommt zur **Sauerfäule**, die nach und nach auch gesunde Beeren in Mitleidenschaft zieht.

Die **Bekämpfung** der Traubenwickler richtet sich im praktischen Weinbau nach der Zahl der in Lockstofffallen gefangenen Motten. Beim höchsten

Der »Heuwurm« zerstört die Gescheine.

Fangergebnis ist nach Ablauf der Schlüpfzeit auch mit den meisten Räupchen zu rechnen, woraus sich der Bekämpfungszeitpunkt ergibt. Zur Vermeidung von Schäden durch den Traubenwickler werden häufig

Früher »Sauerwurm«-Befall – erkennbar an Fraßlöchern und blauer Verfärbung der noch unreifen Beeren.

Pheromone (Sexuallockstoffe) eingesetzt, die männliche Motten daran hindern, die Weibchen zu begatten, folglich kommt es zu keiner Eiablage. Dieses Verfahren ist für den Hausrebenanbau noch nicht umsetzbar. Hier kann man bei wenigen und gut kontrollierbaren Rebstöcken die Räupchen der ersten Generation von Hand ablesen.

Von den zugelassenen Bekämpfungsmitteln sind die Präparate mit *Bacillus thuringiensis*, der die Räupchen parasitiert und abtötet, biologisch wirksam. Die Mittel müssen zu Beginn des Schlüpftermins und eventuell. 8–10 Tage später nochmals ausgebracht werden. Etwas Zucker in der Spritzbrühe fördert Entwicklung und Aktivität des *Bacillus*.

Die **biologische Bekämpfung** der Sauerwürmer wird mit

Der Sauerwurm hat sein Zerstörungswerk beendet und die Beere von innen zerfressen.

Starker Sauerwurmbefall hinterlässt Totalschaden an den Beeren.

Pflanzenschutzmittel gegen tierische Schädlinge*

Schädlinge	Mittel	Menge für 10 l Wasser	Wartezeit in Tagen 5)	Abstand zu Gewässern	Max. Anwendungen	Empfohlen im umweltschonenden Weinbau	Zugelassen in Haus- und Kleingärten
Traubenwickler (Heu- und Sauerwurm)	Bactospeine XL 1)	30 ml	k	–	2/2	×	
	Dipel ES 1)	12,5 ml	k	–	2/2	×	
	Turex 1)	20 g	k	–	1/1	×	
	Xen Tari	10 g	k	10 m	3/3		×
	Mimic 1)	5 g	28	20 m	2/2		
	Steward 1)	1,25 g	14	–	3		
	Runner	4 g	14	–	3		×
	RAK 1+2/RAK 1)	500 Ampullen/ha		–	1	×	
Spinnmilben	Kiron 1)	15 ml	35	30 m	1		
	MASAI 2)	2,5 g	14	20 m	1/1		
(Wintereier)	Eftol 1) Austriebsspritzmittel	200 ml	k	20 m	1	×	×
	Oliocin Austriebsspritzmittel 1)	200 ml	k	20 m	1	×	×
	Para-Sommer 1)	100 ml	k	30 m	1	×	×
	Promanal Neu 1)	200 ml	k	20 m	1	×	×
	Promanal Neu Schild- und Wolllausfrei	200 ml	k	20 m	1	×	×
	Weißöl Ausstriebsspritzmittel 1)	200 ml	k	20 m	1	×	×
	Weißöl FL Austriebsspritzmittel 1)	100 ml	k	20 m	1	×	×
	Micula 1)	200 ml	k	5 m	1	×	×
	Schädlingsfrei Naturen 1)	300 ml	k	5 m	1	×	×
Zikaden	Kiron 1)	15 ml	35	30 m	1		
	Steward 1)	1,25 g	14	–	3		
Blattgallmilben	Thiovit Je 2)	90 ml	k	10 m	4		
	Metasystox R 3) 4)	10 ml	k	10 m	1		
Blattgall- und Kräuselmilben	Thiovit Jet 2)	90 g	56	10 m	4		
	Micula 1)	200 ml	k	5 m	1		
	Schädlingsfrei Naturen 1)	300 ml	k	5 m	1		
Rhombenspanner	Mimic 1)	5 ml	28	15 m	1		
	Steward 1)	1,25 g	14	–	1		
Springwurm	Mimic 1)	5 ml	28	15 m	2		
	ME 605 Spritzpulver 2) 4)	5 g	k	20 m	1		
	Steward 1)	1,25 g	14	–	3		
	Ultracid 40 3) 4)	15 g	k	30 m	2		

1) = Raubmilben nicht schädigend, 2) = Raubmilben schwach schädigend, 3) = Raubmilben schädigend, 4) = bienengefährlich, 5) k = anwendungsbedingt keine Wartezeit

* siehe Anhang Seite 101

den Milben »aus den Zähnen«. Die **Blattgall-** oder **Pockenmilbe** lebt auf der Unterseite der Blätter und verursacht durch ihre Saugtätigkeit vor allem auf der Oberseite junger Basisblätter pockenartige Gebilde, die unterseits stark verfilzt sind. Starker Befall führt zu Wuchsstörungen.
Zur **Bekämpfung** der Kräuselmilbe muss bei starkem Vorjahresbefall bereits vor dem Austrieb eine 1 %ige Netzschwefellösung ausgebracht werden. Unmittelbar nach dem Austrieb sind Mineralöle (0,5 %ig), im Vier- bis Fünfblattstadium organische Phosphorverbindungen Erfolg versprechend. Letztere helfen auch gegen die Blattpockenmilbe.

Wespen und Vögel

Wespen und Vögel machen schließlich noch im Reifestadium der Trauben dem Hausrebenanbauer den Ertrag streitig. Wespen können mit ihren Fresswerkzeugen reife Beeren anbeißen und sich am Saft gütlich tun. An den angefressenen Beeren erscheinen dann auch Bienen und Fliegen, Pilze und Bakterien setzen das Zerstörungswerk fort und ziehen gesunde Beeren mit hinein.

Florfliegen-Larven sind bewährte Schädlingsvertilger.

Raubmilben helfen bei der Spinnmilbenbekämpfung.

Die **Abwehr der Wespen** ist schwierig. Mit Ködern muss man bereits im Frühjahr die überwinternde Königin fangen, um den Aufbau eines Volkes zu verhindern, denn im Herbst werden Lockflüssigkeiten aus Wein, Bier oder Essig mit Zuckerzusatz oft zu Lasten der frischen Früchte verschmäht.
Einen einigermaßen sicheren Schutz bieten dichte Netze, mit denen die Reben eingehüllt werden. Große und wertvolle Trauben schützt man einzeln mit Gazebeuteln.
Bei den Vögeln sind es **Amseln** und **Stare**, die besonders lästig werden. Amseln fliegen meist von unten, Stare von oben in die Rebstöcke ein. Breitfädige und engmaschige Vogelschutznetze

Wespenfraß schädigt direkt und ermöglicht nachfolgenden Pilzbefall.

Von Amseln oder Staren angepickte Beeren fangen an zu faulen.

Vögel werden von Beeren jeglicher Art in den Garten gelockt – auch von Weintrauben.

müssen deshalb den Rebstock völlig einhüllen, um die Trauben zu sichern. Einen gewissen Erfolg gegen Stare versprechen noch spiralig angebrachte, Lichteffekte erzeugende Bänder. Dagegen scheiden Schreckschussgeräte in Wohngebieten allein schon wegen der Lärmbelästigung aus.

Ein dichtes Netz schützt die Trauben vor Wespen- und Vogelfraß.

Sorgfalt beim Umgang mit Pflanzenschutzmitteln

Sorgfalt im Umgang mit Pflanzenschutzmitteln hilft sparen und schont die Umwelt. Auch chemisch hergestellte Behandlungsmittel können heutzutage unbedenklich eingesetzt werden, wenn man die Regeln genauestens beachtet. Sie unterliegen vor ihrer Freigabe äußerst strengen Prüfungen und werden auf ihre Nebenwirkungen untersucht. Schließlich werden für ihre Anwendung große Sicherheitsfaktoren eingebaut.

Das Gesetz zum Schutz der Kulturpflanzen (Pflanzenschutzgesetz) in der Fassung vom 4. Mai 1998 hat für den Haus- und Kleingartenbereich die Auswahl der Pflanzenschutzmittel drastisch eingeschränkt. Nach der neuen Zulassungsverordnung dürfen gegen pilzliche Krankheiten nur noch 4 Wirkstoffe in insgesamt 6 Präparaten und gegen tierische Schädlinge nur noch *Bacillus thuringiensis* in 2 und Mineralöle bzw. Rapsöl in 5 Präparaten (siehe die jeweilige Tabelle Seite 71/72 bzw. 78) eingesetzt werden. Abhängig von der Zulassung ist auch die Verpackungsgröße.

Die Anwendung der für den professionellen Weinbau zugelassenen Präparate geht auf Gefahr und Risiko des Anwenders und ist außerdem mit einem hohen Bußgeld bewehrt.

Auskünfte zur Anwendung von Pflanzenschutzmitteln in Haus- und Kleingärten erteilen auch die jeweils zuständigen Pflanzenschutzämter der einzelnen Städte bzw. Gemeinden.

In jedem Fall sind zur unbedenklichen und gefahrlosen Anwendung folgende Hinweise zu beachten:

- Pflanzenbehandlungsmittel sind sorgfältig aufzubewahren und dem Zugriff von Kindern zu entziehen.
- Bienenungefährliche und nützlingsschonende Wirksubstanzen sind vorzugsweise zu verwenden. Der vorgeschriebene Abstand zu Gewässern ist einzuhalten.
- Beim Bezug der Präparate ist auf das Verfallsdatum zu achten. Nicht mehr verwendbare Mittel müssen als Sondermüll entsorgt werden.
- Die Spritzbrühmenge ist genau zu bemessen, Restmengen sind Sondermüll und entsprechend zu entsorgen.
- Zur vorgeschriebenen Dosierung der Mittel sind Waage

und Messbecher unverzichtbar. Überdosierungen sind unwirtschaftlich und belasten die Umwelt, geringere Konzentrationen wirken nicht und fördern beim Parasiten die Ausbildung von Resistenzen.

- Die vorgeschriebenen Wartezeiten zwischen letzter Behandlung und Ernte sind unbedingt einzuhalten. Regen unmittelbar nach der Behandlung macht eine Wiederholung nur dann erforderlich, wenn der Spritzbelag noch nicht angetrocknet war.
- Der Anwender sollte eine Schutzkleidung tragen und jeglichen Kontakt mit Mittel und Lösung vermeiden, deshalb möglichst auch bei Windstille spritzen.
- Während der Behandlungsmaßnahme soll weder geraucht, gegessen noch getrunken werden.
- Reifende oder erntereife Nachbarkulturen müssen vor abdriftender Spritzbrühe geschützt werden (Windverhältnisse beachten).
- Nach der Behandlung sind sowohl die Geräte als auch alle mit der Spritzbrühe in Kontakt gekommenen Körperteile gründlich zu säubern.

Biologische Schadensabwehr

Die Abwehr von Krankheiten und Schädlingen mit biologischen Verfahren ist in hohem Maße davon abhängig, wie es gelingt, die Rebe über Erziehung, Pflege, Wasser- und Nährstoffversorgung in einen möglichst optimalen Allgemeinzustand zu versetzen. Neben der Wahl eines günstigen Standorts erleichtert der Anbau resistenter Sorten diese Bemühungen zusätzlich.

Pflanzenpflegemittel sollen diesen Zustand erhalten und fördern. Sie bestehen aus Pflanzenextrakten, die die Pflanze abhärten (z. B. bei Schachtelhalm-Brühe) oder Parasiten abwehren sollen.

In der Praxis des ökologischen Weinbaues werden z. B. Auszüge von Brennnesseln, Rainfarn, Schachtelhalm oder Algenextrakte, Hefen, Gesteinsmehl und Schwefel allein oder in Mischungen eingesetzt.

Bei starkem Infektionsdruck durch Echten und/oder Falschen Mehltau können diese einen Befall jedoch nicht verhindern; dann müssen Schwefel- und Kupferpräparate zu Hilfe genommen werden. Andererseits wirken sie mittelbar, indem

Pflanzliche Stärkungsmittel lassen sich leicht selbst zubereiten.

Nützlinge zur Abwehr tierischer Schädlinge gefördert werden. Amtlich zugelassen für eine direkte Bekämpfung sind Mittel mit *Bacillus thuringiensis*. Im großflächigen Rebanbau bedient man sich weiterhin bestimmter Sexuallockstoffe, um die Ausbreitung von Schädlingen zu verhindern. Näheres bei den Beratungsstellen (siehe Seite 100f.).

auf einen blick

- Pilzkrankheiten müssen rechtzeitig und mit entsprechenden Mitteln bekämpft werden.
- Der Anbau resistenter Sorten verringert den Pilzbefall erheblich.
- Gegen tierische Schädlinge helfen auch Nützlinge.
- Optimale Pflege unterstützt die Wirkung einer biologischen Bekämpfung.

Trauben ernten und verwerten

Die Ernte der reifen Trauben entschädigt uns für die Mühen im Laufe des Jahres. Ob frisch verzehrt oder zu Saft und Wein verarbeitet – die selbst gezogenen Trauben lassen uns die ganze Vielfalt ihrer gesunden Inhaltsstoffe genießen.

Wann sind die Trauben reif?

Je nach Sorte und Witterungsverlauf vergehen nach der Blüte 60 bis 120 Tage bis die Beeren reif, d. h. bis sie bei weißen Sorten durchscheinend »hell« werden bzw. bei roten sich rot und blau verfärben. Bei geschickter Sortenwahl kann man die Ernte über zwei Monate verteilen. Selbst innerhalb einer Sorte werden nicht alle Trauben am Stock, ja nicht einmal alle Beeren einer Traube zur gleichen Zeit reif, so dass sich die Ernte bis zu zwei Wochen hinziehen kann.
Reifezustand und -entwicklung lassen sich durch Befühlen und Geschmackstests nur sehr ungenau ermitteln; exakter wird es durch physikalische Methoden, mit der Öchslewaage (Senkspindel) oder einem Handzucker-Refraktometer.

◀ Goldener Herbst: Federweißer und frische Weintrauben.

Vollreife Trauben warten auf die Lese – der Lohn für unsere Arbeit.

Tafeltrauben müssen sorgfältig geerntet werden, um die Beeren zu schonen.

Öchslewaage und Refraktometer

Zur Öchslewaage benötigt man noch einen Messzylinder, den man mit möglichst klarem Saft füllt, bis die Senkspindel frei schweben, und man an der Skala das Mostgewicht ablesen kann. Im Refraktometer misst man die Lichtbrechung zuckerhaltiger Flüssigkeiten. Das Ergebnis ist auch hier das Mostgewicht in °Öchsle, ein Maß für die Dichte des Mostes.

Das Mostgewicht gibt also an, um wie viel Gramm der Most schwerer ist als ein Liter Wasser. Multipliziert man das Mostgewicht mit dem Faktor 2,5 und zieht von dem Ergebnis 25–30 für andere Inhaltsstoffe ab, erhält man den Zuckergehalt des Saftes in g/l.

Die Trauben schmecken am besten bei Öchslegraden zwischen 75 und 90°, denn hier liegen Zucker und Säure noch in einem harmonischen Verhältnis zueinander vor und das Aroma ist sehr gut ausgeprägt. Darunter sind die Trauben eher zu sauer und darüber einseitig süß.

Frische Trauben – ein Genuss

Bei reichem Ertrag wird es nicht immer gelingen, die Trauben gleich mit dem Reifen auch zu verzehren. Für diesen Fall wird vorgesorgt, indem man gesunde Trauben behutsam schneidet, von etwaigen angefaulten Beerchen samt Stielchen befreit und sie dann einzeln auf Roste oder in Flachsteigen legt oder an Schnüren oder Drähten aufhängt und in luftigen kühlen Räumen aufbewahrt. Kleinere Mengen lassen sich kurze Zeit frisch halten, wenn man den ganzen Trieb mit Trauben ab-

Öchslewaagen gibt es in verschiedenen Ausführungen, mit ihnen bestimmt man das Mostgewicht.

schneidet und in frisches Wasser stellt.
Zur Lagerung im Kühlschrank werden die völlig gesunden Früchte in feuchtes Küchenkrepp gewickelt und in einen luftdurchlässigen Plastikbehälter gelegt. Bis zu höchstens einer Woche kann man hiermit die Trauben frisch halten. Etwa 30 Minuten vor dem Verzehr sollte man die Trauben dem Kühlschrank entnehmen und der Luft aussetzen, damit sich ihr Aroma wieder entwickeln kann.
Vielfältig ist die weitere **Verwendung frischer Trauben**, sei es als Zutat zu Müslis, Fruchtsalaten oder Quarkspeisen, als Kuchenbelag, als pikante Note in Currys und Eintöpfen oder als Beilage zu Käse, Wild, Geflügel und Meeresfrüchten.

Die Verwertung der Trauben

Was dem Frischverzehr entgeht, lässt sich zur Herstellung von Saft, Wein, Konfitüre oder Gelee verwenden.
Sowohl bei der Saft- als auch bei der Weinbereitung muss mit größter Sorgfalt gearbeitet werden. Die Trauben werden beim Übergang in die Vollreife geerntet, wenn sich Fruchtzucker und Fruchtsäuren in einem möglichst harmonischen Verhältnis zueinander befinden.

Frische Trauben sind ein verlockender Genuss – gleich ob direkt, als Beilage oder als Kochzutat.

Traubensaft selbst herstellen

Für die Saftgewinnung scheiden faule und angefressene Trauben aus. Gesunde werden zunächst gründlich gewaschen, das Wasser lässt man gut abtropfen. Dann werden sie mit einem Holzstößel oder einer Traubenmühle gequetscht, bevor in einer Presse der Saft von den festen Bestandteilen getrennt wird.
Für kleine Mengen eignen sich **Saftpressen** nach dem Prinzip der Schneckenpresse, für größere Mengen braucht man kleine **Obst-** oder **Weinpressen** (Füllmenge 2–20 kg), die mit mechanischem Druck oder Wasserdruck arbeiten. Aus 10 kg Trauben gewinnt man etwa 6–7 l Saft.
Der ausgepresste Saft muss durch Filterung geklärt werden. Da Pektinstoffe die Klärung erschweren, setzt man dem Saft unmittelbar nach dem Pressen Pektin spaltende Enzyme zu, die bei einer Safttemperatur von 20 °C etwa 6–8 Stunden einwirken müssen. Der ziemlich klare Saft wird anschließend eine halbe Stunde lang bei mindestens 75 °C erhitzt, um ihn haltbar zu machen. Niedrigere Temperaturen töten gefährliche

In solchen Glasflaschen mit Gäraufsatz findet die Vergärung statt.

Der Gäraufsatz dient zur Kontrolle der Gärung und zum Schutz des Gärmediums.

Der Ablauf des Säureabbaues ist laufend zu kontrollieren und notfalls zu unterbinden (Filtration, Kühlen), um einen faden Geschmack zu verhindern.

Rotweinbereitung
Zur Rotweinbereitung sollten die Beeren vor dem Mahlen bzw. Maischen von Stielen und Rappen getrennt werden. Dann wird die Maische einer **Maischegärung** oder -erhitzung unterzogen, um die in der Beerenschale sitzenden Farbstoffe zu lösen. Nur Wärme und/oder Alkohol sind dazu in der Lage.
Das bei der Maischegärung sich entwickelnde CO_2 treibt die festen Bestandteile, den Tresterkuchen, aus dem Saft. Er muss täglich mehrmals wieder untergestoßen und mit dem Saft vermischt werden. Ein im Gärbehältnis fest angebrachter Holzrost oder ein Sieb verzögert die Entmischung. Gelegentliches Durchmischen ist auch hier not-

In den Fässern reift der Wein bis zur Abfüllung. Wichtig ist die kühle Lagerung bei gleichmäßigen Temperaturen.

wendig. Bei Behältnissen mit einem Ablaufhahn wird der Saft zwei Mal täglich abgelassen und wieder über den Tresterkuchen geschüttet. Die Maische ist regelmäßig zu durchmischen, um einen nachteiligen Einfluss von Luft oder sich ansiedelnder Bakterien im oberflächengroßen Tresterkuchen zu vermeiden. Auf jeden Fall wird vor der Gärung mit 1–2 g Kaliumdisulfid geschwefelt. Nach weitgehend beendeter Gärung (noch ca. 20–30 ° Oechsle) wird der Saft abgezogen und der Tresterkuchen gepresst.
Bei der **Erwärmung** wird die Maische schwach entsaftet, die zurückbleibenden festen Bestandteile erhitzt man mit Dampf auf 80 °C einige Minuten lang. Nach dem Abkühlen wird abgepresst und beide Saftteile zur Gärung werden wieder zusammengeführt. Sofern eine Anreicherung des Lesegutes mit Zucker erforderlich ist, erfolgt die Zugabe des gelösten Zuckers auf die Maische, bei Erwärmung in den Saft. Der junge Rotwein wird anschließend wie die Weißweine weiterbehandelt.

Die Lagerung

Nach der ersten bzw. zweiten Gärung wird das Behältnis mit Wein aufgefüllt, kühl gestellt und verschlossen. Nach 6–8 Wochen zieht man den noch wenig geklärten Wein von der Hefe ab. Danach setzt man wiederum 1–2 g Kaliumdisulfit pro 10 l zu, um Oxidationen von Farbe und Geschmack vorzubeugen. Die Gebinde sind immer voll und verschlossen zu halten.
Bevor im Frühjahr der Wein auf Flaschen gezogen wird, sollte er nochmals filtriert werden, um seine Haltbarkeit zu verbessern. Dem gleichen Zweck dienen nochmals 0,5–1 g Kaliumdisulfit, die jeweils auf 10 l Wein zugesetzt werden.
Hauswein wird am besten auf Flaschen mit Schraubverschluss gefüllt. Er macht das mühsame Verschließen mit der Korkmaschine entbehrlich, die Flaschen können auch stehend gelagert werden und nachteilige Geschmacksbeeinflussungen durch den Kork sind nicht zu be fürchten. Die beste Lagertemperatur liegt bei 8–10 °C. Natürlich muss man ab und zu verkosten, wie sich der Wein entwickelt. Dabei wird man auch feststellen, ob es sich lohnt, ihn länger als bis zur nächsten Ernte vorrätig zu halten.

Reife Trauben, selbst geerntet – Genuss pur.

Weitere Verwertungsmöglichkeiten

Aus Traubensaft lässt sich schließlich auch ein fruchtiges **Traubengelee** herstellen. Man füllt etwa 0,8 Liter abgesetzten und leicht geklärten Saft mit Wein auf einen Liter auf, gibt 1 kg Gelierzucker zu und bereitet daraus ein Gelee wie mit anderen Früchten auch. Darüber hinaus wird auf die vielen Rezepte für Traubentorten, Weincremes und die Verwendung von Trauben und Wein zum Kochen verwiesen.

Gesund mit Trauben und Wein

Trauben und der daraus gewonnene Saft oder Wein sind nicht nur schmackhafte Früchte bzw. erfrischende und belebende Getränke, sondern zeigen durchaus auch eine gesundheitliche Wirkung. So haben die **Traubenkuren** eine lange Tradition; man sollte sie jedoch nicht ohne ärztliche Anweisung durchführen.

Der Gesundheitswert von Trauben und Traubensaft misst sich zum einen an ihrem hohen Anteil an Traubenzucker als Energiespender. Zum anderen entschlacken **organische Säuren,** wie Äpfel-, Wein- und Zitronensäure, den Körper und fördern die Verdauung. Wichtige **Mineralstoffe,** wie Kalium, Phosphor, Magnesium und Kalzium, nützen den Stoffwechselvorgängen im Körper. Die **Vitamine** – Trauben bzw. Traubensaft enthalten vor allem Vitamin C und B – fördern die Leistungsfähigkeit des Körpers und unterstützen das Immunsystem. Schließlich regen die **Ballaststoffe** die Darmtätigkeit an und wirken Verdauungsstörungen entgegen.

Bioaktive Inhaltsstoffe

Der therapeutische Nutzen des Weines ist nicht minder von Bedeutung, zumal sich wertvolle im Traubensaft enthaltene Stoffe

Inhaltsstoffe von Trauben und Wein (pro 100 g)

Stoffe	Weiße Trauben	Rote Trauben	Weißwein	Rotwein
Wasser	81,2 g	84,52 g	88,2 g	87,0 g
Ballaststoffe	1,2 g	1,20 g	-,-	-,-
Eiweiß	0,36 g	0,48 g	0,1 g	0,2 g
Kohlenhydrate	13,08 g	15,38 g	0,5 g	0,3 g
Kalzium	17,5 mg	18,0 mg	9,0 mg	8,0 mg
Kalium	192 mg	192 mg	80 mg	90 mg
Magnesium	5,57 mg	8,14 mg	9,0 mg	8,0 mg
Natrium	12,3 mg	18,27 mg	3,0 mg	4,0 mg
Phosphor	16,16 mg	22,02 mg	15,0 mg	28,0 mg
Eisen	0,27 mg	0,25 mg	0,6 mg	0,7 mg
Zink	0,05 mg	0,07 mg	Spuren	Spuren
Vitamin B_1	0,04 mg	0,04 mg	Spuren	Spuren
Vitamin B_2	0,02 mg	0,02 mg	0,01 mg	0,01 mg
Vitamin B_6	0,05 mg	0,07 mg	0,02 mg	0,02 mg
Vitamin C	3,80 mg	4,0 mg	0,05 mg	2,0 mg
Niacin	0,15 mg	0,19 mg	-,-	0,1 mg
Pantothensäure	0,06 mg	0,05 mg	-,-	-,-
Alkohol	-,-	-,-	9,5 g	12,0 g
Kilojoule	220 kj	260 kj	264 kj	326 kj

Im Herbst zieht die Weinlandschaft ihr schönstes Kleid an.

auch im Wein wiederfinden. Die in jüngsten Untersuchungen immer wieder hervorgehobene Wirkung der bioaktiven Inhaltsstoffe des Weins (vor allem der **Polyphenole,** die als Schutzstoffe wichtige Körpersubstanzen vor schädlicher Oxidation bewahren) wird durch den Alkohol unterstützt. Diese sind im Rotwein in wesentlich größerer Menge enthalten als im Weißwein.

Die Polyphenole verhindern, dass freie Radikale den Körperzellen Sauerstoff entziehen und sie somit nachhaltig schädigen. So ist inzwischen medizinisch nachgewiesen, dass moderater Weingenuss (0,25–0,4 l/Tag) sowohl das Krebs- als auch das Herzinfarktrisiko verringert. Dies wird z. B. auch als einer der Gründe für die auffällig niedrige Herzinfarktquote der dem Rotwein zugeneigten Franzosen angesehen.

Vielfältige Wirkung

Mit seinen mehr als 1 000 Inhaltsstoffen ist Wein ein ganzheitlich wirkendes Getränk, dessen Einzelsubstanzen im Körper in Kombination miteinander wirken. So kann man auch mit Hilfe des Weines bei regelmäßiger und maßvoller Anwendung

- den Körper entschlacken (Schrothkur)
- die Knochenentkalkung verlangsamen
- die Verdauungsleistung des Körpers verbessern
- die Abwehr von Krankheiten fördern
- Stress abbauen und entspannen und somit insgesamt
- die Lebenserwartung verlängern.

auf einen blick

- Den Verzehr frischer Trauben kann man durch gezielte Wahl der Sorten und des Lagerverfahrens verlängern.
- Traubensaft wird nur aus gesunden Trauben hergestellt. Dabei ist auf größte Sauberkeit zu achten.
- Zur Weinbereitung bedarf es einer gewissen technischen Ausrüstung sowie der Anwendung kellerwirtschaftlicher Verfahren.
- Trauben, Saft und Wein haben, mäßig genossen, positive Wirkungen auf die Gesundheit.

'Angela'

'Aurora'

'Bianca'

'Birstaler Muskat'

'Blauer Gänsfüßer'

'Blauer Portugieser'

'Boskoop Glorie'

'Bouvier'

'Chasselas Tompa'

'Dornfelder'

'Fanny'

'Früher gelber Malingre'

‘Gelbe Seidentraube’

‘Gelber Muskateller’

‘Grüne Seidentraube’

‘Hecker’

‘Königin der Weingärten’

‘Königliche Ester’

'Königliche Magdalenentaube'

'Lilla'

'Madaleine Celine'

'Müller Thurgau'

'Muscat bleu'

'Muskat Hamburg'

'Nero'

'Ortega'

'Palatina'

'Perle von Czaba'

'Perle von Zala'

'Phoenix'

'Regent'

'Regina'

'Roter Gutedel'

'Roter Muskateller'

'Siegerrebe'

'Theresia'